DIREITO DOS CONTRATOS

—TEMAS ATUAIS—

U88d   Ustárroz, Daniel.
       Direito dos contratos: temas atuais / Daniel Ustárroz. – 2. ed., rev.
       atual. e ampl. – Porto Alegre: Livraria do Advogado Editora, 2012.
       142 p. ; 23 cm.
       Inclui bibliografia.
       ISBN 978-85-7348-790-9

       1. Contratos. 2. Direito civil - Brasil. 3. Boa-fé (Direito). 4. Respon-
       sabilidade (Direito). 5. Patrocínio - Contratos. 6. Brasil. Código Civil
       (2002). I. Título.

                                              CDU 347.44
                                              CDD 342.144

       Índice para catálogo sistemático:
       1. Contratos   347.44

       (Bibliotecária responsável: Sabrina Leal Araujo – CRB 10/1507)

Daniel Ustárroz

DIREITO DOS CONTRATOS
—TEMAS ATUAIS—

2ª EDIÇÃO
Revista, Atualizada e Ampliada

livraria
DO ADVOGADO
editora

Porto Alegre, 2012

© Daniel Ustárroz, 2012

Capa, projeto gráfico e diagramação
Livraria do Advogado Editora

Revisão
Rosane Marques Borba

Direitos desta edição reservados por
Livraria do Advogado Editora Ltda.
Rua Riachuelo, 1338
90010-273 Porto Alegre RS
Fone/fax: 0800-51-7522
editora@livrariadoadvogado.com.br
www.doadvogado.com.br

Impresso no Brasil / Printed in Brazil

Dedico a presente obra aos caros amigos, de diferentes Faculdades, André Fernandes Estevez, Cristiano Heineck Schmitt, Fabiano Koff Coulon, Felipe Camilo Dell´Alba, Guilherme Nassif Azem, Gustavo Bohrer Paim, José Tadeu Neves Xavier, Marcos Jorge Catalan, Ricardo Ehrensperger Ramos e Tiago Bittencourt de David, pela admiração que lhes tenho, pelo constante diálogo e pela dedicação à vida acadêmica.

Prefácio

Com muito prazer, aceitei a incumbência de prefaciar esta 2ª edição do compendio intitulado *Direitos dos Contratos: temas atuais* da lavra do jovem pesquisador e professor, Daniel Ustarroz.

A obra em comento está dividida em 5 capítulos, intitulados: A Boa-Fé Objetiva no Código Civil, A Responsabilidade Pré-negocial no Direito Brasileiro, o Incumprimento Antecipado do Contrato, O Contrato de Patrocínio no Direito Brasileiro e A Majoração da Cláusula Penal nas Relações de Consumo.

Edição muito oportuna, porquanto o contrato, tema central dessa obra, constitui, juntamente com a Responsabilidade Civil, um dos temas mais tormentosos da atualidade jurídica nacional, tendo em vista a recepção, pelo legislador do atual Código, de modelo legislativo distinto daquele acolhido pelo diploma de 1916.

Com efeito, a começar pela inserção do artigo 421, pelo legislador de 2002, transformou por inteiro a concepção de contrato, que passa a ter uma função social.

Mais ainda: em que pese a aceitação quase pacífica, de ter a Boa-Fé Objetiva dominado o antigo Código, sob forma de princípio pressuposto, o artigo 422 do novo Código não deixa dúvidas sobre a sua incidência na relação contratual.

Nesse sentido, oportuno o artigo inserido na obra, intitulado *A Boa-Fé no Novo Código Civil*, onde o Autor apresenta os resultados de sua pesquisa em torno do assunto, merecendo destaque a inserção de um capítulo relativo à aplicação da Boa-Fé pela jurisprudência. Brasileira, possibilitando ao leitor avaliar a diversidade de modos de compreensão desse princípio.

O segundo artigo dessa coletânea versa sobre a questão da *Responsabilidade Civil Pré-contratual*, tema muito caro ao seu Autor, pois desde o início de sua carreira docente vem tendo uma preocupação com aspectos ainda pouco discutidos relativamente à possibilidade de indenização do lesado pelo rompimento injustificado de uma tratativa, trazendo reflexões importantes sobre aspectos do dano positivo e negativo nesse campo. Trata igualmente de tecer comentários sobre as inovações introduzidas pelo Código de 2002, no referente ao dano indenizável, trazidas pelo artigo 944 e seu parágrafo único.

Nesse aspecto, após tecer algumas críticas ao legislador, admite que, se bem aplicados esses dois textos, podem ser obtidos bons resultados.

Conclui pela possibilidade de reconhecimento de uma responsabilização por rompimento injustificado das tratativas no direito brasileiro.

O terceiro artigo da coletânea ora apresentada diz respeito ao *Incumprimento Antecipado do Contrato*, outro tema polêmico, que vem suscitando, ainda sob a vigência do antigo Diploma Civil, interessantes discussões e não poucas dissenções doutrinárias. Seguindo metodologia da exposição de suas ideias semelhante à adotada no artigo anterior, aqui comentado, o Autor dá grande ênfase à questão da indenização decorrente desse incumprimento, por assim dizer, atípico entre nós, mas já amplamente reconhecido na *Common Law* e em ordenamentos como o alemão, por exemplo.

O quarto assunto a merecer as reflexões do Autor diz respeito ao *Contrato de Patrocínio*, contrato muito utilizado, mas pouco versado em nossa doutrina, motivando-o a dedicar a isso, estudo e tempo, visando desvendar as peculiaridades e meandros desse peculiar tipo contratual, não previsto no Código de 2002, mas de ampla utilização prática. Chama a atenção do leitor a preocupação do Autor de sujeitar o exercício das posições contratuais ao cumprimento do dever de coerência, constituindo esse assunto o ponto mais alto de seu artigo.

Chegando ao término do livro, nos deparamos com um estudo intitulado *A Majoração da Cláusula Penal nas Relações de Consumo*, o Autor, antes de abordar o tema constante no título do artigo, apresenta o tratamento da cláusula penal pelo legislador de 2002, dando especial ênfase à questão da sua redução, pela via judicial, quando excessiva, analisando então o artigo 413 do Código Civil pátrio.

A última parte desse artigo trata da majoração da Cláusula Penal tendo em vista o equilíbrio da relação de consumo, sem dúvida alguma, um posicionamento bem original e audacioso, desde que, no Brasil, relação de consumo é sinônimo de hipossuficiência, econômica e cultural, esquecendo os operadores do direito que o artigo 413 do Código Civil pode e deve ser considerado como de mão dupla, podendo o juiz majorar o valor da cláusula como também reduzi-lo. Entender que valeria somente para redução, seria interpretar o referido artigo 413 de forma equivocada.

Concluindo estas poucas linhas, a guisa de prefácio, ao livro de autoria do jovem doutorando em Direito Privado da nossa UFRGS, Daniel Ustarroz, posso afirmar, sem qualquer sombra de dúvida, tratar-se de excelente trabalho, onde o leitor, seja ele estudante, docente ou magistrado, encontrará excelente fonte de informação sobre os temas constantes dessa obra.

Ao felicitar o Autor por seu trabalho, faço votos de que, em breve, sejamos brindados com nova e excelente produção de sua lavra.

Vera Jacob de Fradera
Professora da UFRGS
Advogada em Porto Alegre, RS

Sumário

Introdução. 13

1. A boa-fé objetiva no novo Código Civil. 17

1.1. Brevíssimas notas sobre a boa-fé no direito comparado. 17

1.2. A recepção da boa-fé pelo Direito brasileiro. 23

1.3. A boa-fé no Código Civil de 2002. 28

1.4. A multifuncionalidade da boa-fé no Direito Contratual. 32

1.5. A aplicação da boa-fé objetiva pela jurisprudência. 38

2. A responsabilidade pré-negocial no Direito brasileiro. 43

2.1. A Ampliação da proteção jurídica dos contratantes. 43

2.2. A decisiva contribuição de Rudolf von Jhering. 46

2.3. A evolução da responsabilidade pré-negocial. 49

2.4. A responsabilidade pré-negocial no Direito brasileiro. 56

2.5. Alcance da indenização: interesse negativo e positivo?. 61

3. Incumprimento antecipado do contrato. 67

3.1. Colocação do problema. 67

3.2. Fixação do conceito. 68

3.3. Tutela jurídica do contrato. 70

3.4. A recepção do inadimplemento prematuro. 73

3.5. Avaliação do dano indenizável. 77

3.6. Conclusão. 81

4. O contrato de patrocínio no Direito brasileiro
(e o dever de coerência na sua execução). 83

4.1. Introdução. 83

4.2. A caracterização do contrato de patrocínio. 87

4.2.1. A identificação dos elementos característicos do contrato de patrocínio a partir de sua função jurídico-econômica. 87

4.2.2. Abordagem dos principais deveres das partes. 92

4.3. A coerência no exercício das posições contratuais. 98

4.3.1. Análise das cláusulas típicas no contrato de patrocínio. 98

4.3.2. O condicionamento do exercício jurídico das posições contratuais pela observância do dever de coerência. 104

4.4. Conclusão...111

    4.4.1. Julgados...112

5. A majoração da cláusula penal nas relações de consumo................................113

5.1. Introdução...113

5.2. Breve mirada nos princípios informadores do Direito Contratual brasileiro.......115

5.3. A cláusula penal no Direito brasileiro..119

5.4. A redução judicial da penal excessiva (art. 413 do CCB)...............................123

5.5. A majoração da penal para o equilíbrio da relação de consumo.......................130

5.6. Conclusões...135

Referências bibliográficas...137

Introdução

Ao longo da história do direito, o contrato desempenhou variadas funções. Sua trajetória é rica e, por vezes, contraditória.[1] Tutelou a liberdade, porém a subjugou. Promoveu riqueza, mas também a sufocou. Contribuiu para o desenvolvimento de milhões de pessoas, contudo gerou prejuízos significativos e até irreparáveis para outras tantas. Quando usado com sabedoria, serviu para nobres finalidades; quando utilizado em descompasso com sua finalidade social e jurídica, mascarou o abuso.

Enfim, são múltiplas as vocações do contrato: símbolo do apego à palavra dada, instrumento para a viabilização de investimentos, forma propícia para desenvolver a personalidade, meio de controlar na medida do possível o destino, qualquer dessas alternativas pode ser buscada através do contrato, esse grande símbolo de liberdade e que motiva significativo número de estudos pelas mais diversas áreas de conhecimento.

O contrato acompanha a civilização. E a cada dia se faz mais presente em nossas vidas. É interessante a observação de Jean Carbonier, no sentido de que mesmo os regimes autoritários toleravam e estimulavam as contratações, uma vez que contratar não deixa de ser um jogo que dá prazer ("c´est que contracter est un jeu et un plaisir").[2]

Contudo, afirmar que o contrato segue presente no cotidiano das pessoas não significa admitir que o seu conceito – ou a sua função dentro do sistema jurídico – se mantenha estável ao longo do tempo. Ao contrário, o instituto vai se amoldando às novas exigências sociais e é revitalizado para atender as expectativas das pessoas, as quais mudam ao sabor dos ventos.

Alguns autores, estrangeiros e nacionais, identificam uma "crise" vivida pelo contrato. Estaria o contrato fadado ao desaparecimento?[3] Acreditamos que esta crise é entendida pela necessidade de oxigenar

---

[1] Por isso, a vida contratual merece cada letra do verso de Walt Whitman: "Do I contradict myself? Very well then I contradict myself, (I am large, I contain multitudes)".

[2] *Droit et passion du droit*. Paris : Flammarion, 1996, p. 173.

[3] *The Death of Contract*. Grant Gilmore. 2. ed. Ohio: Ronald Collins, 1995.

concepções, em face das mudanças culturais. Ela nada mais é do que um momento propício para reflexão acerca das potencialidades do direito contratual. O contrato não vai morrer, mas ganhará novas roupagens, ao ser reconstituído pelo trabalho dos operadores.

Se analisarmos um passado recente, não há dúvida de que a conturbada evolução social do século XX contribuiu para que o direito contratual sofresse paulatinas adaptações e avanços, com o objetivo de atender as novas demandas das pessoas e das empresas. E não deixa de ser interessante que uma das formas encontradas para oferecer essas "novas respostas" tenha sido justamente a revalorização de institutos seculares do Direito, o que confirma a importância da pesquisa do vasto mundo das fontes do direito e a riqueza da experiência jurídica.

Dentro desse contexto de "crise" – ou de renovação –, a presente obra apresenta, em sua segunda edição, cinco temas de teoria geral do direito contratual que estão diuturnamente presentes nos escritórios, nos tribunais, nas faculdades e em todos os círculos em que se desenvolve o Direito. Parte de assuntos que merecem revisitação, para que as expectativas sociais de hoje recebam adequada proteção jurídica.

A revalorização da boa-fé no sistema civil é o alvo do primeiro capítulo, no qual é analisada brevemente sua evolução no direito comparado e a sua recente inserção no Código Civil. A partir dessa caminhada, são identificadas formas de contribuição do princípio para o desenvolvimento do direito obrigacional, para a harmonização das relações creditícias, com o norte de satisfação de todos os envolvidos.

Na segunda parte, aborda-se o tema da responsabilidade pré-negocial. À luz das premissas de Rudolf von Jhering, na grande obra que é a "Culpa in Contrahendo", discute-se a melhor forma de recepcionar juridicamente essa exigência da sociedade civil. A tutela do contrato apenas dirigida à fase de execução não se mostra satisfatória, merecendo ampliação para antes da formação do vínculo, bem como, excepcionalmente, para depois de sua extinção. Esse primeiro momento é analisado, sob o enfoque de dois grandes princípios: a liberdade de contratar e a mínima proteção dos sujeitos que negociam.

O terceiro capítulo discute a admissibilidade no direito brasileiro do inadimplemento antecipado de uma prestação. É imprescindível aguardar o prazo convencionado, para se decretar o inadimplemento? É razoável conceder o efeito liberatório aos contratantes quando a prestação ainda se apresenta inexigível? Qual a função do prazo? O tema encontra-se presente em várias demandas judiciais, especialmente na área da construção civil, onde não raro os compradores duvidam da pontualidade e da própria capacidade do outro contratante em levar a cabo aquilo que fora prometido. Como conciliar uma teoria que permitirá às partes liberar-se do contrato, para alcançar a satisfação prometida em via alternativa, com a necessária tutela que o próprio contrato merece, dentro de qualquer sistema civilizado?

Na segunda edição, são acrescentados dois temas mais específicos.

O quarto estudo versa sobre um contrato atípico no direito brasileiro, porém nominado e com ampla aceitação social: o patrocínio. Instrumento propulsor das artes e do esporte, valioso meio de fomentar o sadio desenvolvimento das pessoas, o patrocínio vem ganhando a cada dia maior destaque no mundo. Por tal razão, é realizada a pesquisa bibliográfica estrangeira, uma vez que a figura contratual está há bastante tempo sedimentada em outros sistemas, a fim de fixar algumas características deste "novo contrato" em solo brasileiro. O autor agradece, no ponto, ao desafio proposto pela professora Véra Maria Jacob de Fradera, responsável pelo convite para a elaboração do estudo e palestra sobre o tema.

Por fim, o último ensaio discute a melhor interpretação do art. 413 do Código Civil, nas relações de consumo. Reza a norma que o magistrado deve reduzir a cláusula penal quando ela se mostra excessiva. Em homenagem aos princípios que informam o Código de Defesa do Consumidor, o autor propõe que, nas relações de consumo, seja admitida a dupla via do art. 413, isto é que o magistrado tanto possa reduzir a penal excessiva, quanto ampliar a penal ínfima, com o objetivo de melhor proteger o consumidor e harmonizar as relações econômicas.

O autor confia na missão do direito de ajudar o desenvolvimento responsável das pessoas, dentro de uma perspectiva relacional, que medite sobre o equilíbrio entre as expectativas contrapostas.[4] Na elaboração dos temas, a preocupação central foi encontrar uma "harmonização possível" entre os distintos interesses dos contratantes, a qual reflita a aplicação concreta das premissas abstratas do sistema privado.

Somente com diálogo intenso e abertura para as contribuições alheias os operadores poderão se aproximar de teorias ou respostas mais razoáveis à luz das exigências sociais deste início de século. Por isso, o autor agradece a experiência, na democrática sala de aula ou no solitário gabinete de estudo, com os professores Véra Maria Jacob de Fradera, Araken

---

[4] Na análise do fenômeno jurídico, é inconveniente a postura de isolar uma pessoa (credor no direito obrigacional, p. ex.) e deduzir seus direitos exclusivamente do ponto de vista abstrato. O direito é por sua natureza relacional e essa noção não pode ser esquecida. A este respeito, a obra de Michel Villey é interessantíssima ("Le Droit et les droits de l´homme"). Afirma o autor que: "le concept du droit préssupose une pluralité de personnes entre lesquelles a lieu un partage de choses exterieures" ; "le droit est rapport entre des hommes, multilatéral" ; "attention, il faut choisir : ou bien des uns ou bien des autres. On n´a jamais vu dans l´histoire que les droits de l´homme fussent exércs au profit de tous". Op. cit., p. 48, 154, 153, respectivamente. Paris : Presses Universitaires de France, 1983.

Direito dos Contratos

de Assis, Judith Martins-Costa, Paulo de Tarso Vieira Sanseverino, Ruy Rosado de Aguiar Junior e Luis Renato Ferreira da Silva. Cada qual, a seu modo, representa um exemplo de pessoa, docente e profissional, cuja graça do encontro impõe a este autor a cada dia um agradecimento.

1. A boa-fé objetiva no novo Código Civil

1.1. Brevíssimas notas sobre a boa-fé no direito comparado

A tutela da boa-fé não é – logicamente – uma criação da modernidade ou da era contemporânea. Sua proteção está presente desde os usos e sistemas mais antigos. Apenas por curiosidade, o Código de Hamurabi, elaborado na Mesopotâmia, em época próxima a 1750 a.C., no território onde hoje provavelmente se situa o Iraque, já indicava, em sua 11ª sentença, que, caso o indigitado proprietário de uma coisa perdida não levasse a juízo testemunhas que conhecessem o bem, seria presumida sua má-fé e aplicada a pena de morte.[5] Na 13ª sentença, autorizava-se o magistrado a fixar um prazo de 6 meses para que as testemunhas fossem apresentadas, sob pena de caracterização da má-fé.[6]

É impossível catalogar todas as manifestações do princípio da boa-fé nas legislações históricas. Contudo, uma mirada pelos seus antecedentes próximos auxilia a compreensão de seu papel no Código Civil e oferece horizontes interpretativos. O interesse, nesse breve passeio pelos sistemas civis ocidentais, reside na visualização do amadurecimento de um princípio, ao lado da autonomia privada, que hoje é tido como fundamental no direito obrigacional e que é partilhado pela maioria dos países.

O Código Napoleônico, em diversos artigos, fez alusão à boa-fé, tal como se vê das normas referentes ao casamento putativo (arts. 201[7]

---

[5] § 11: "Si c'est le propriétaire (prétendu) de l'objet perdu qui n'a pas amené les témoins connaissant son objet perdu, il est de mauvaise foi, a suscité la calomnie et est passible de mort". O texto integral do Código pode ser encontrado em <http://fr.wikisource.org/wiki/Page:La_Loi_de_Hammourabi. djvu /26>. Acesso em 20.12.2009.

[6] § 13: "Si les témoins de cet homme ne sont pas à proximité, le juge fixera un délai jusqu'au sixième mois. Si pour le sixième mois, il n'a pas amené ses témoins, cet homme est de mauvaise foi, et portera la peine de ce procès".

[7] Art. 201: "Le mariage qui a été déclaré nul produit, néanmoins les effets civils, tant à l'égard des époux qu'à l'égard des enfans, lorsqu'il a été contracté de bonne foi".

Direito dos Contratos

e 202[8]), à posse (arts. 549[9] e 550[10]), aos efeitos do pagamento (art. 1.240[11]), assim como no dever de prestar conforme a boa-fé (arts. 1.134[12] e 1.135[13]). Tanto em razão do teor das normas, quanto em face do trabalho da doutrina e da jurisprudência da época, a boa-fé foi valorizada pelo seu valor subjetivo, ou seja, como contraponto à má-fé do agente. O direito deveria estimular a convivência tranquila e sincera das pessoas, reprovando as condutas que se afastassem deste ideal.

Essa realidade pode ser explicada pela inspiração do Código, baseado no lema: "universalisme", "individualisme" e "moralisme". Com efeito, trata-se de um Código elaborado para servir de modelo universal, na disciplina de relações entre sujeitos perfeitamente identificados.[14] Ele reflete as estruturas econômicas da sociedade francesa do final do século XVIII.[15] Portanto, parte de um mundo onde a atividade econômica ainda é agrária e artesanal, o que induz litígios entre sujeitos identificáveis.[16]

Dentro desse contexto, o fundamento central da responsabilidade civil era a culpa, de sorte que a interpretação do conceito de boa-fé seguia a linha do sistema. É a boa-fé subjetiva que se liga intimamente com a animosidade do sujeito. Não havia, ainda, condições para se afirmar uma teoria objetiva da boa-fé que se desligasse do elemento vontade, focalizando sua atenção na comparação entre a atitude tomada e aquela que se

---

[8] Art. 202: "Si la bonne foi n´existe que de la part de l´un des deux époux, le mariage ne produit les effets civils qu´en faveur de cet époux, et des enfans issus du mariage".

[9] Art. 549: "Le simple possesseur ne fait les fruits siens que dans le cas où il possède de bonne foi: dans le cas contraire, il est tenu de rendre les produits avec la chose au propriétaire qui la revendique".

[10] Art. 550: "Le possesseur est de bonne foi quand il possède comme propriétaire, en vertu d´un titre translatif de propriété dont il ignore les vices. Il cesse d´être de bonne foi du moment où ces vices lui sont connus".

[11] Art. 1.240: "Le paiement fait de bonne foi à celui qui est en possession de la créance est valable, encore que le possesseur en soit par la suite évincé".

[12] Art. 1134: Código Civil francês: "Les conventions légalement formées tiennent lieu de loi à ceux qui les ont faites. Elles ne peuvent être révoquées que de leur consentement mutuel, ou pour les causes que la loi autorise. Elles doivent être exécutées de bonne foi".

[13] Assim reza o art. 1.135, do Código Civil francês: "Les conventions obligent non seulement à ce qui y est exprimé, mais encore à toutes les suites qui l´equité, l´usage, ou la loi donnet à l´obligation d´aprés sa nature". Em idêntico semelhante, o art. 1374, do CC italiano: "Integrazione del contratto – Il contratto obbliga le parti non solo a quanto è nel medesimo espresso, ma anche a tutte le conseguenze che ne derivano secondo la legge, o, in mancanza, secondo gli usi e l´equità".

[14] Inegável nos parece a influência do Code nos sistemas jurídicos estrangeiros, quer europeus, quer latino-americanos, quer, ainda, asiáticos.

[15] Eric Hobsbawn, na *Era das Revoluções*, oferece belo panorama do contexto histórico. A literatura de Honoré de Balzac é igualmente proveitosa para a compreensão do momento no qual o Código é chamado a intervir.

[16] Muito interessante, a este respeito, o texto da professora Geniviève Viney "Modernité ou obsolescence du Code Civil?". Nele, a autora demonstra como um Código elaborado dentro de um contexto profundamente diverso da realidade atual conseguiu, pelo seu mérito e pelo trabalho oxigenador da academia, conservar sua utilidade.

poderia esperar de um homem razoável, médio, não reticente, bom pai de família ou outro *standard*. Perquiria-se, porque importante à luz das premissas do Código, o reconhecimento do *animus nocendi*, a *intention de nuire*.

A doutrina possui relativo consenso quanto ao fato de não houve grande elaboração científica da aludida cláusula geral, na acepção objetiva. Os problemas visualizados na prática eram resolvidos mediante o apelo a outras figuras. Dentre as razões que justificaram essa realidade, encontravam-se a diversa compreensão do conceito do contrato e o papel exercido pelo Poder Judiciário, dentro da divisão constitucional de competências. A Revolução Francesa iria criar o novo modelo de juiz, combatendo o papel desempenhado pela magistratura no *Ancien Régime*. Naquele cenário, não soava nada simpático autorizar a ampla invasão do magistrado no conteúdo do contrato, o qual espelharia a conveniência dos parceiros.

A lição do "Canal de Craponne", cujo acórdão data de 1876, é elucidativa a este respeito: "dans aucun cas, il n´appartient aux tribunaux, quelque equitable que puisse leus paraître leur decision, de prendre en considération le temps et les circonstances pour modifier les conventions des parties et substituer des clauses nouvelles à celles qui ont été librement acceptées par les cocontractans". Ou seja, por mais equânime que possa parecer, os Tribunais não estariam autorizados a modificar as convenções livremente elaboradas pelos contratantes, afinal "quid it contractuel dit juste".

Quanto à influência da boa-fé, situação diversa ocorreu na Alemanha. Com efeito, o Código Civil tedesco (BGB-1900), criado quase um século após o irmão francês (1804), dedicou dois parágrafos para a consagração do princípio da boa-fé, sob a significação objetiva.[17] Primeiramente, através do parágrafo 242, que ordena devedor e credor agirem de acordo com os costumes do tráfego e os ditames da boa-fé objetiva, com o fito de resguardar os legítimos interesses do *alter* originados a partir do contato negocial.[18] Após, com a regra do § 157, que regula a interpretação dos contratos, ditando que "os contratos devem ser interpretados de acordo com a confiança e a boa-fé".[19]

Um século após a elaboração do *Code*, na República tedesca, a realidade já era outra, quer na esfera social com a revolução industrial, quer

---

[17] Enquanto o Código Napoleônico data de 1804, o BGB entrou em vigor em 1900.

[18] No original: § 242º: "Leistung nach Treu und Glauben. Der Schuldner ist verplichtet, die Leistung so zu bewirken, wie Treu und Glauben mit Rücksicht auf die Verkehrssitte es esfordern".

[19] § 157º: "Auslegung von Verträgen. Vertraege sind so auszulegen, wie Treu und Glauben mit Rücksicht auf die Verkehrsitte es erfordern".

Direito dos Contratos

no pensamento jurídico.[20] Basta lembrar a célebre polêmica travada entre os juristas acerca da valia, ou não, de codificar o ordenamento. Não se olvide que, dentre os opositores, se encontrava ninguém menos que Savigny, grande corifeu da ciência jurídica e que, em razão de seu prestígio, foi alçado ao cargo de Ministro da Justiça.

Em verdade, o sistema do BGB é bastante interessante. De um lado, ao cuidar da responsabilidade civil delitual, o ordenamento alemão mostrou-se fechado, prevendo, de antemão, as hipóteses em que é possível falar de um dever de indenizar. De outra banda, situação diversa foi observada no direito contratual, onde o sistema é aberto, mediante a utilização de normas jurídicas indeterminadas, princípios e cláusulas gerais. Aqui houve amplo espaço para que a doutrina e jurisprudência criassem o Direito e concretizassem tais cláusulas gerais traçadas no ordenamento.

A partir desses dispositivos, que regulavam uma inédita figura batizada de *Leistung nach Treu und Glauben*, os juristas tedescos começaram a identificar obrigações anexas, não expressas nos contratos, mas que decorreriam da própria natureza do vínculo assumido, prescindindo, assim, da vontade dos contratantes. Na dicção do professor Clóvis do Couto e Silva,[21] "começava a reconhecer-se no princípio da boa-fé uma fonte autônoma de direitos e obrigações; transforma-se a relação obrigacional manifestando-se no vínculo dialético e polêmico, estabelecido entre devedor e credor, elementos cooperativos necessários ao correto adimplemento". A ampla exegese realizada na leitura dos sobrescritos parágrafos não demorou para encontrar respaldo na jurisprudência das Cortes germânicas, fato que colaborou para que a abstração dos enunciados pudesse ser concretizada de maneira satisfatória.[22]

A doutrina da boa-fé objetiva, na Alemanha, serviu para fundamentar indenizações devidas a partir da celebração de contratos declarados posteriormente nulos, divulgação de informações sigilosas, danos ocasionados a clientes de estabelecimentos comerciais e tantas outras situações que, algumas décadas mais tarde, ocuparam o centro de atenção de outros sistemas jurídicos.

---

[20] De Eric Hobsbawn é proveitosa a leitura da Era do Capital.

[21] In: *O princípio da boa-fé no direito brasileiro e português*, p. 47.

[22] Sobre a função concretizadora da jurisprudência tedesca, anota a Professora Judith Martins-Costa: "a dicção judicial ousada, inovadora, criativa, conduziu ao tratamento das questões atinentes ao desequilíbrio contratual, a revisão eqüitativa do negócio ou a sua resolução quando modificadas as circunstâncias originais, restava destruído o sinalagma da troca, a proibição das cláusulas abusivas e ao desenvolvimento da teoria da culpa in contrahendo formulada no Século XIX por von Jhering, entre outros avanços. Por via judicial, assim, uma série de máximas jurídicas, exprimindo juízos de valor, que os códigos oitocentistas não previram expressamente, ingressaram nos ordenamentos enucleadas no dever de correção assentados como ponto cardeal da relação obrigacional". In: *A incidência do princípio da boa-fé no período pré-negocial*: reflexões em torno de uma notícia jornalística, p. 149.

Na esteira dos ensinamentos da jurisprudência concretizadora alemã, e das cláusulas gerais introduzidas nos Códigos daquele país, os principais ordenamentos europeus, paulatinamente, foram assimilando a necessidade de elaborar cláusulas e princípios gerais, próprios de sistemas normativos abertos, pois dessa forma a amplitude da realidade poderia ser melhor percebida pelo mundo jurídico. Por conseguinte, aqueles sistemas de textura fechada, que buscavam captar através da lei todas as miudezas do cinema urbano, incorporaram o § 242 alemão, embora sob variadas roupagens.

É injusto considerar que as cláusulas gerais favoreceram o regime nazista, por variadas razões. A perversão do direito, nesse período, é melhor explicada pelo apoio dado pela própria sociedade ao nacional-socialismo. A adoção de leis manifestamente injustas, como a que proibia os judeus de sentar em bancos públicos, proibição de casamento, supressão de telefones, uso de transportes públicos e tantas outras barbaridades devem ficar em nossa memória, a fim de minimizar o risco de outros eventos históricos lamentáveis.[23] Estes manifestos abusos foram praticados com o disfarce da lei, a qual se mostrou bastante específica.

Após a queda do regime nazista, assevera Franz Wieacker que os Tribunais alemães se valeram justamente das cláusulas gerais para purificar o direito, contaminado pelo veneno nacional-socialista. Os primeiros anos das Cortes Superiores foram ocupados justamente com a herança deixada pelos nazistas. Assevera o autor que a jurisprudência do Bundesgerichthoff (BGH) distinguiu-se da jurisprudência anterior "fundamentalmente em vista da sua relação com o texto da lei". Enquanto o Reichsgericht (RG) se manteve fiel ao texto da lei, o BGH "declarou-se aberta e conscientemente no sentido de uma tarefa de desenvolvimento judicial da ordem jurídica escrita de acordo com as necessidades sociais e as valorações morais da sociedade da Alemanha Ocidental".[24] Testemunha a história o momento importante, no qual foi criado o BGH, após os anos de "injustiça legalizada do estado nacional socialista".[25] Serviram as cláusulas gerais, nesse passo, para viabilizar a comunicação do texto da lei com as aspirações extralegais.

Igualmente fruto de um momento histórico conturbado, o Código italiano, de 1942, recepcionou a boa-fé, prescrevendo que as partes, envolvidas em relações obrigacionais, deviam comportar-se "segundo as re-

---

[23] Algumas indicações da legislação racial e da barbárie jurídica patrocinada pelo nacional-socialismo são encontradas, em *Le Droit Allemand*. Claude Witz. Paris: Dalloz, 2001, p. 21-23.

[24] *História do Direito Privado Moderno*. 3. ed. Lisboa: Calouste Gulbenkian, 2004, p. 613.

[25] Op. cit., p. 614.

Direito dos Contratos

gras da correção".[26] Dessa forma, assumiriam os contratantes obrigações laterais, exigíveis antes, durante e mesmo após a execução do contrato. Ainda nessa linha, merece registro o art. 1.337, o qual dispõe expressamente sobre a responsabilidade surgida na fase pré-contratual, no período das tratativas.[27]

Mais recentemente, no Código português de 1966, encontram-se valiosas tentativas de definitiva positivação daquele que é hoje o princípio fundamental que complementa a autonomia da vontade nas relações obrigacionais. A preocupação com a tutela da confiança pode ser observada em vários dispositivos, dentre os quais o comando do art. 227, 1, que regula a culpa na formação dos contratos: "quem negoceia com outrem para conclusão de um contrato deve, tanto nos preliminares como na formação dele, proceder segundo as regras da boa-fé, sob pena de responder pelos danos que culposamente causar à outra parte". A norma insculpida no art. 239, por sua vez, trata da interpretação dos contratos, prescrevendo que "na falta de disposição especial, a declaração negocial deve ser integrada de harmonia com a vontade que as partes teriam tido se houvessem previsto o ponto omisso, ou de acordo com os ditames da boa-fé, quando outra seja a solução por eles imposta". Por fim, como corolário lógico das normas antecedentes, o art. 762, 2, aduz que "no cumprimento da obrigação, assim como no exercício do direito correspondente, devem as partes proceder de boa-fé".

É absolutamente correta a observação de Mário Júlio de Almeida Costa, quando sublinha dois momentos para a concreção da boa-fé. Ela implica "uma espécie de valoração jurisprudencial ético-jurídica para a solução do caso concreto. Quer dizer, o acento tónico ético-valorativo coloca-se, respectivamente, no momento da feitura da lei e no momento judicial da decisão".[28] É por essa razão que concordamos com Antonio Menezes Cordeiro, quando alude que a variabilidade dos efeitos decorrentes da aplicação da boa-fé.[29]

Na América Latina, não é raro encontrar menção à boa-fé. Basta recorrer, dentre outros países, ao ordenamento argentino e brasileiro para se comprovar.[30] Também na Ásia e na Europa Oriental o conceito é presente,

---

[26] Diz o artigo 1.175 que: *il debitore e il creditore devono comportarsi secondo le regole della correttezza.*

[27] Art. 1.337 (Trattative e responsabilità precontrattuale): "Le parti, nello svolgimento delle trattative e nella formazione del contratto, devono comportarsi secondo buona fede".

[28] *Direito das Obrigações.* 8. ed. Coimbra: Almedina, 2000, p. 97.

[29] *Da Boa-fé no Direito Civil.* Coimbra: Almedina.

[30] O leitor interessado no direito comparado poderá aprofundar o tema no estudo da professora Vera Maria Jacob de Fradera: "A boa-fé objetiva, uma noção presente no conceito alemão, brasileiro e japonês de contrato". In: *Revista Brasileira de Direito Comparado.* Rio de Janeiro: Instituto de Direito Comparado Luso-Brasileiro, 2003, p. 127-157.

razão pela qual concordamos com o professor Denis Mazeaud quando afirma que a harmonização do direito europeu e internacional dos contratos aponta uma tendência favorável ao respeito de uma ética contratual, que não é utópica, pois encontra guarida na própria *lex mercatoria* e nos institutos jurídicos que a reconhecem, como a boa-fé.[31]

Nos atuais projetos de unificação de sistemas, especialmente na Europa, observa-se a incorporação da boa-fé. Por ilustração, os princípios de direito europeu dos contratos, elaborados pela Comissão "Lando", estabelecem que "as partes devem agir no respeito à boa-fé e à correção", sendo que "as partes não podem excluir ou limitar esse dever" (art. 1:201, 1 e 2). O projeto impõe a colaboração alheia, a fim de que cada parte consiga cumprir sua prestação (art. 1:202). Igualmente, os princípios do Unidroit preconizam a atuação conforme a boa-fé e os melhores usos do comércio internacional, salientando que as partes não podem excluir ou reduzir o espectro dessa norma (art. 1.7, 1 e 2).[32] Na ordem interna, o projeto "Catala" de reforma do direito obrigacional francês, contempla a proposição do art. 1.134, reconhecendo que "as convenções legalmente formadas tem valor lei em relação a aqueles que a elaboram", não podendo ser modificadas ou revogadas, salvo previsão legal ou consentimento mútuo, merecendo execução de boa-fé ("elles doivent être exécutées de bonne foi").[33]

Tantos outros sistemas poderiam ser abordados, porém, para o efeito deste estudo, esta sucinta exposição parece suficiente para demonstrar que a adoção do princípio da boa-fé, em matéria contratual, não é episódica em um ou outro sistema. Ao contrário, identifica-se uma tendência à sua uniformização, razão pela qual é fundamental perquirir sua valia na ordem jurídica brasileira.

1.2. A recepção da boa-fé pelo Direito brasileiro

Não é correto afirmar que o Código Civil de 2002 inovou no direito brasileiro, com a adoção do princípio da boa-fé. Houve avanço sensível, com a positivação expressa de algumas de suas projeções (arts. 113, 187 e 422, por ilustração). Contudo, a boa-fé, mesmo antes da edição do Código

---

[31] Muito interessante o trabalho "Loyauté, solidarité, fraternité: la nouvelle devise contractuelle"?.

[32] Article 1.7: "Good faith and fair dealing. (1) Each party must act in accordance with good faith and fair dealing in international trade. (2) The parties may not exclude or limit this duty".

[33] Uma das orientações da Comissão era a de que "toutes ces avancées de la justice contractuelle s'accompagnent – c'est une corrélation active – du plus grand rayonnement donné à la bonne foi. Etabli pour gouverner l'exécution du contrat (art. 1134, al. 3), le principe de bonne foi étend sa loi sur sa formation même (négociation, pourparlers, 1104, al. 1, convention sur la durée de la prescription 1162)".

Direito dos Contratos

Civil de 2002, já era aplicada pela jurisprudência, desenvolvida pela doutrina e reconhecida pela lei.

No plano legislativo, um dos marcos da boa-fé, em sede de interpretação, foram as previsões do Código Comercial. A regra de que "as palavras dos contratos e convenções mercantis devem inteiramente entender-se segundo o costume e uso recebido no comércio, e pelo mesmo modo e sentido por que os negociantes se costumam explicar, posto que entendidas de outra sorte possam significar coisa diversa" (art. 130) é complementada pelo apelo à "inteligência simples e adequada, que for mais conforme à boa-fé e ao verdadeiro espírito e natureza do contrato".[34] Atualmente, com a chamada comercialização do direito privado, o histórico regramento do Código Comercial deve ser harmonizado com o Código Civil.[35]

Da leitura do Código de 1916, observa-se que o regramento da boa-fé se deu especialmente pelo seu viés subjetivo, com sua valorização nas normas que versam sobre direito de família e das coisas, precipuamente. Por ilustração, o art. 221 afirmava que "embora anulável, ou mesmo nulo, se contraído de boa-fé por ambos os cônjuges, o casamento, em relação a estes como aos filhos, produz todos os efeitos civis até o dia da sentença anulatória." De seu turno, o art. 516 prescrevia que "o possuidor de boa-fé tem direito à indenização das benfeitorias necessárias e úteis, bem como, quanto às voluptuárias, se lhe não forem pagas, a levantá-las, quando o puder sem detrimento da coisa. Pelo valor das benfeitorias necessárias e úteis, poderá exercer o direito de retenção".

Ambas as normas eram protetivas e se mostravam sensíveis aos efeitos do casamento e da posse perante as pessoas de boa-fé. Ofereciam segurança aos participantes de vínculos aparentemente conforme o direito e, pelo benefício social que geravam, foram mantidas no Código Civil de 2002.

---

[34] Art. 131. Código Comercial: "Sendo necessário interpretar as cláusulas do contrato, a interpretação, além das regras sobreditas, será regulada sobre as seguintes bases: 1 – a inteligência simples e adequada, que for mais conforme à boa-fé, e ao verdadeiro espírito e natureza do contrato, deverá sempre prevalecer à rigorosa e restrita significação das palavras; 2 – as cláusulas duvidosas serão entendidas pelas que o não forem, e que as partes tiverem admitido; e as antecedentes e subseqüentes, que estiverem em harmonia, explicarão as ambíguas; 3. o fato dos contraentes posterior ao contrato, que tiver relação com o objeto principal, será a melhor explicação da vontade que as partes tiverem no ato da celebração do mesmo contrato; 4. o uso e prática geralmente observada no comércio nos casos da mesma natureza, e especialmente o costume do lugar onde o contrato deva ter execução, prevalecerá a qualquer inteligência em contrário que se pretenda dar às palavras; 5. nos casos duvidosos, que não possam resolver-se segundo as bases estabelecidas, decidir-se-á em favor do devedor".

[35] O prof. Ricardo Lupion enfrentou em tese de doutoramento a recepção do princípio da boa-fé objetiva nos contratos empresariais, alcançando importantes conclusões, a partir da necessária diferenciação entre contratos de consumo, contratos tipicamente civis e contratos empresariais. *Boa-Fé Objetiva nos Contratos Empresariais*. Porto Alegre: Livraria do Advogado, 2011.

Estes exemplos escolhidos demonstram que o papel exercido pela boa-fé era guiado pela intencionalidade dos sujeitos. A boa-fé incidia como um prêmio pela conduta merecedora, o que permite concluir que ela era ainda valorizada pelo seu espectro subjetivo.

Contudo, o Código Civil de 1916 não impediu autores nacionais a trabalharem a boa-fé no direito obrigacional, pelo prisma objetivo. Um dos precursores, Clóvis do Couto e Silva, sempre destacava que a boa-fé enriquecia "o conteúdo da obrigação de modo que a prestação não deve apenas satisfazer os deveres expressos, mas também é necessário verificar a utilidade que resulta para o credor da sua efetivação, quando por mais de um modo puder ser cumprida. Houve, no caso, um aumento de deveres na relação obrigacional. O princípio da boa-fé atua defensivamente e ativamente; defensivamente, impedindo o exercício das pretensões, o que é a espécie mais antiga; ou ativamente, criando deveres, podendo inclusive restringir o princípio de o cumprimento ser completo ou integral permitindo outra solução".[36] Crédito merece a tese de doutorado de Judith Martins-Costa e os trabalhos que se seguiram, preconizando uma visão do fenômeno obrigacional que admire sua complexidade, isto é, "o conjunto de vínculos emergentes de um mesmo fato jurídico",[37] e que determina uma "ordem de cooperação, formadora de uma unidade que não se esgota na soma dos elementos que a compõem, sendo desenvolvida no tempo, como um processo".[38]

No século XX, indubitavelmente, foi no Código de Defesa do Consumidor que a cláusula-princípio geral encontrou efetiva consagração. Primeiro, através de seu art. 4º, que, ao traçar os princípios fundamentais da política nacional das relações de consumo, instituiu a boa-fé. Após, no art. 51, que dispõe acerca de algumas manifestações de abusividade nas práticas de comércio e comina a nulidade como sanção pelo seu desrespeito. No rol exemplificativo dos costumes abusivos, lê-se, no inciso IV, que são nulas de pleno direito as cláusulas que estabeleçam obrigações consideradas iníquas, abusivas, que coloquem o consumidor em desvantagem exagerada, ou quando incompatíveis com a boa-fé ou a equidade. A expressão utilizada pela professora Cláudia Lima Marques ("paradigma máximo da boa-fé nas relações de consumo") bem reflete a colaboração do Código de Defesa do Consumidor para a renovação do direito brasileiro.[39]

---

[36] O princípio da boa-fé no direito português e brasileiro. In: *O Direito Privado brasileiro na visão de Clóvis do Couto e Silva*. Vera Maria Jacob de Fradera (Org.). Porto Alegre: Livraria do Advogado, 1997, p. 55.

[37] *Comentários ao Código Civil*, v. 5 t. II, p. 27. Rio de Janeiro: Forense, 2009.

[38] Op. cit., p. 28.

[39] O novo modelo de direito privado brasileiro e os contratos. In: *A Nova Crise do Contrato*. São Paulo: RT, 2003, p. 35.

Longe de representar uma vantagem abusiva, em prol dos consumidores e em desfavor dos fornecedores, a boa-fé atua em favor da harmonização dos interesses e não pode ser utilizada de forma maniqueísta. Como bem pondera Paulo de Tarso Sanseverino o princípio age como uma estrada de duas mãos no vínculo que une fornecedor e consumidor, também evitando que a proteção concedida pelo microssistema do CDC sirva de escudo para consumidores que, agindo contrariamente ao princípio da boa-fé objetiva, busquem a reparação de prejuízos para cuja produção tiveram decisiva participação.[40] Usualmente, imagina-se que a aplicação da boa-fé objetiva sempre vá favorecer o consumidor, porém não é certo tal raciocínio, pois também o fornecedor se socorre do princípio para tutelar suas legítimas expectativas. É lógico que o consumidor deve se portar de forma proba, pois ele é um agente relevante no mercado.

Com efeito, a boa-fé objetiva atua em prol de ambos os sujeitos da relação, e não apenas a favor de um ou outro contratante. A este respeito, mostra-se extremamente interesse julgado do Tribunal do Rio de Janeiro, que analisou a pretensão de consumidor no sentido de obter determinado bem pelo preço equivocadamente anunciado em meio de comunicação. Uma vez constatado o lapso, a empresa diligenciara a publicação imediata de um "a pedido", para informar a comunidade do erro. A Corte entendeu que, caso procedente a demanda, estar-se-ia premiando o consumidor com o enriquecimento e penalizando a empresa que tomara as cautelas possíveis. Pelo fundamento da boa-fé objetiva, o Tribunal considerou que uma pessoa razoável teria se apercebido da grosseira diferença entre o valor de mercado e o anunciado, reputando improcedente a causa.[41]

Inúmeros julgados confirmam a incidência da boa-fé objetiva no direito consumeirista. Poderia, ainda, ser destacado acórdão do Tribunal de Justiça do Estado de São Paulo que reputou nula cláusula contratual que autorizava a denúncia imotivada do contrato pela operadora de plano de saúde, deixando o consumidor em situação de extrema desvantagem, pois a qualquer momento o contrato poderia ser desfeito pela aplicação literal da cláusula. A Corte entendeu que a denúncia deveria ser exercida consoante os princípios da boa-fé e da função social dos contratos, ou

---

[40] *Responsabilidade Civil no Código de Defesa do Consumidor e a Defesa do Fornecedor.* São Paulo: Saraiva, 2002, p. 277.

[41] "Ação de obrigação de fazer cumulada com pedido de tutela antecipada. Publicação de anúncio de venda de veículo com erro na condição ofertada referente ao percentual de entrada a ser pago pelo automóvel. Publicação de errata. Alegação de prática de propaganda enganosa. Consumidor que pretende compelir a concessionária a entregar o veículo pelo preço e condições de venda anunciados. Descabimento. Desproporcionalidade entre o valor do veículo publicado em anúncio e o real valor de mercado. A boa-fé objetiva é exigida tanto por quem oferece como por quem contrata. Sentença de improcedência que se mantém". TJRJ, AC 2009.001.59048, 7ª C.C., Rel. Des. Maria Henriqueta Lobo, j. 23.11.2009.

seja, mediante motivação e em prazo razoável para não ocasionar dano ao parceiro contratual.[42]

De toda sorte, também no direito regulado pelo Código Civil foi aplicada a boa-fé, antes mesmo do presente Código. O princípio serviu para que julgados desenvolvessem outros institutos tradicionais, como o abuso de direito,[43] a teoria do adimplemento substancial (*substancial performance*),[44] *venire contra factum proprium*,[45] *culpa in contrahendo*,[46] a responsabilidade pós-contratual[47] etc. Isto sem contar com o reconhecimento de ampla sorte de deveres laterais, surgidos a partir do contato social, como informação,[48] esclarecimento,[49] proteção[50] e vigilância,[51] correção[52] etc.

Dentro desse contexto, não se pode afirmar que a boa-fé objetiva tenha estado ausente nas Cortes nacionais, embora se deva reconhecer que sua incorporação legislativa pelo atual Código Civil seja relevante. Agora, os operadores podem apoiar argumentações em norma legal explícita, o que favorece a aplicação de figuras como a responsabilidade pré e pós-negocial, o adimplemento substancial, a quebra antecipada do contrato, a violação positiva do contrato etc.

---

[42] "APELAÇÃO CÍVEL – Plano de Saúde. Contrato coletivo/empresarial. Ação declaratória de nulidade de cláusula contratual julgada procedente. Seguradora que manifestou seu desinteresse na renovação anual do contrato, com apoio em cláusula contratual expressa. Inadmissibilidade. Incidência da Lei nº 9.656/98, sem prejuízo das normas cogentes do Código de Defesa do Consumidor. Abusividade e conseqüente nulidade de cláusula contratual que prevê a possibilidade de resilição unilateral do contrato por parte da operadora de saúde, mediante denúncia imotivada. Abuso do direito de resilir. Afronta aos princípios da função social do contrato e da boa-fé objetiva. Contrato que vigora há 15 anos, gerando justa expectativa de renovação. Resolução do contrato que deve ser motivada e precedida de comunicação aos consumidores, com prazo razoável de antecedência. Denúncia que deve vir respaldada em fatos e dados objetivos. Sentença mantida". TJSP, AC 5269914100, 9ª C.C., Rel. Desa. Viviani Nicolau, j. 17.11.2009.

[43] REsp 250.523, 4ª Turma, Rel. Min. Ruy Rosado de Aguiar. DJ: 18.12.2000, p. 203.

[44] REsp 272739/MG, STJ, 4. T., Rel. Min. Ruy Rosado de Aguiar Junior, DJ: 02/04/2001, p.299.

[45] REsp 95539/SP, STJ, 4. T., Rel. Min. Ruy Rosado de Aguiar Junior, RSTJ nº 93, p. 314.

[46] AC 598209179, 16ª C.C., TJRS, Rela. Desa. Helena Ruppenthal Cunha, julgado em 19.08.98.

[47] AC 70001037597, 9ª C.C., TJRS, Rel. Des. Paulo de Tarso Vieira Sanseverino, j. 14.06.00. Em sede doutrinária, ressalta o professor Cristiano Heineck Schmitt que a boa-fé "tem o condão de apresentar solução para casos envolvendo danos nos períodos pré e pós contratual", afinal "a responsabilidade civil pós-contratual possui pontos em comum com a responsabilidade pré-contratual, visto que ambas amparam-se no contato negocial, na confiança e na boa-fé objetiva". Responsabilidade Civil, p. 41 e 45. Porto Alegre: Verbo Jurídico, 2010.

[48] AC 70001123645, 6ª C.C., TJRS, Rel. Des. João Pedro Pires Freire, j. 08.05.02.

[49] AI 70000088328, 13ª C.C., TJRS, Rel. Des. Marco Aurélio de Oliveira Canosa, j. 26/04/01.

[50] REsp 107.211/SP, Rel. Min. Ruy Rosado de Aguiar Junior, 4. T. DJ: 03.02.1997, p. 740. Ainda sobre os deveres de cuidado e de proteção, há interessante parecer da professora Vera Maria Jacob de Fradera, cujo título é "Locação de Carteiras de Ações". In *Revista Jurídica Empresarial*, n. 9, p. 247-259.

[51] AC 70000441865, 9ª C.C., TJRS, Rel. Desa. Mara Larsen Chechi, j. 25.10.00.

[52] AC 70002660207, 5ª C.C., TJRS, Rel. Des. Clarindo Favretto, j. 20.12.01.

Direito dos Contratos

1.3. A boa-fé no Código Civil de 2002

Fora de qualquer dúvida, a boa-fé, no atual Código, ocupa lugar de destaque. Como bem ponderou o saudoso professor Miguel Reale: "é a boa-fé o cerne em torno do qual girou a alteração de nossa Lei Civil, da qual destaco dois artigos complementares, o de n° 113, segundo o qual 'os negócios jurídicos devem ser interpretados conforme a boa-fé e os usos do lugar de sua celebração', e o art. 422 que determina: 'os contratantes são obrigados a guardar, assim na conclusão do contrato, como em sua execução, os princípios de probidade e boa-fé'. Como se vê, a boa-fé não constitui um imperativo ético abstrato, mas sim uma norma que condiciona e legitima toda a experiência jurídica, desde a interpretação dos mandamentos legais e das cláusulas contratuais até as suas últimas consequências. Daí a necessidade de ser ela analisada como *conditio sine qua non* da realização da justiça ao longo da aplicação dos dispositivos emanados das fontes do direito, legislativa, consuetudinária, jurisdicional e negocial".[53]

Essa valorização da boa-fé no ordenamento civil brasileiro marcou todo o Código. Com efeito, uma análise detida do Código Civil demonstra a existência de dezenas de artigos que extraem efeitos jurídicos em razão da boa-fé das pessoas. Diversas finalidades explicam o fenômeno: proteger expectativas, tutelar a segurança jurídica, estimular o convívio e a harmonia, bem como censurar o agir incivilizado. Em razão dessa riqueza, por vezes escondida e pouco explorada, o presente tópico destacará algumas projeções da boa-fé no Código.

Já na parte geral do Código Civil – que apresenta o regramento da harmonia da parte especial – constam disposições interessantes sobre o tema.[54] No tópico da fraude contra credores, o art. 161 admite que a ação pauliana seja intentada contra o "devedor insolvente, a pessoa que com ele celebrou a estipulação considerada fraudulenta, ou terceiros adquirentes que hajam procedido de má-fé". Seguindo a orientação histórica do direito brasileiro, exige-se a perquirição e a demonstração da má-fé do terceiro adquirente para o reconhecimento desta espécie de fraude. E de tão arraigada que se encontra essa tradição de nosso sistema, em 2009, o Superior Tribunal de Justiça, após intensos debates, inclusive editou a súmula 375, na linha de que "o reconhecimento da fraude à execução depende do registro da penhora do bem alienado ou da prova de má-fé do

---

[53] *A Boa-Fé no Código Civil.* Disponível em <www.miguelreale.com.br>. Acesso em 23.12.2009.

[54] Bem pondera o José Carlos Moreira Alves a importância da parte geral: "partindo da diretriz no sentido de se seguir a estrutura do Código Civil, manteve-se a Parte Geral, a qual, das partes que o integram, é aquela que lhe dá unidade, inclusive filosófica, convicta a comissão de que essa Parte Geral era absolutamente imprescindível dentro da nossa tradição jurídica para dar unidade ao Código Civil". *A Parte Geral do Projeto do Código Civil,* p. 2.

terceiro adquirente". Ou seja, o debate acerca do ânimo do terceiro, antes privativo da ação pauliana, agora ampliou sua incidência para o campo da fraude à execução, harmonizando o direito do credor com a tutela das pessoas de boa-fé. Parece, em nosso sentir, que a ideologia que presidiu a elaboração do Código encontrou guarida na jurisprudência atual, ao menos neste exemplo.

Ainda na parte geral, o Código preocupa-se com a segurança do tráfego negocial, estabelecendo que a simulação, conquanto seja considerada como causa de nulidade do negócio, não deve ser pronunciada para prejudicar terceiros que confiaram no contrato (art. 167). Ilustra o professor Cristiano Colombo o caso de uma pessoa que adquire o imóvel, confiando na fidelidade de sua matrícula, na qual não consta restrição: "neste caso, não poderá sofrer os efeitos, caso venha a ser declarado como simulado o negócio jurídico que originou o título de propriedade pelo vendedor".[55]

Outra norma extremamente importante da parte geral é o art. 187, certamente uma das maiores inovações do atual diploma. Antes, no regramento de 1916, a ilicitude vinha caracterizada mais pelo seu aspecto subjetivo, com a necessidade de perquirição de culpa, nos termos do importante e conhecido art. 159 daquele Código.[56] Atualmente, a essa noção de responsabilidade civil delitual, presente no art. 186, CCB/2002, é conjugada uma modalidade de responsabilidade com imputação objetiva, que prescinde da análise do elemento anímico do sujeito. Aí está o avanço do Código Civil, ao se valer de cláusula geral, dando conta que "também comete ato ilícito o titular de um direito que, ao exercê-lo, excede manifestamente os limites impostos pelo seu fim econômico ou social, pela boa-fé ou pelos bons costumes".[57]

A ilicitude, nesta última forma, decorre da análise da forma de exercício de um direito *prima facie* reconhecido pelo ordenamento. Os parâmetros que guiam essa comparação encontram-se na própria norma: limites impostos pelo fim econômico ou social, a boa-fé e os bons costumes. Fatalmente será considerada ilícita a construção de chaminés desproporcionais com o fito de retirar o sol do terreno vizinho (para se valer de exemplo clássico da jurisprudência francesa). Mas também ilícito é o ato praticado sem tal intenção reprovável, como a desatenção a Código de Ética profissional ou a denúncia de contrato sem o oferecimento de pra-

---

[55] *Direito Civil* – Parte Geral, p. 231. Porto Alegre: Verbo Jurídico, 2011.

[56] Art. 159, CCB/1916: "Aquele que, por ação ou omissão voluntária, negligência, ou imprudência, violar direito, ou causar prejuízo a outrem, fica obrigado a reparar o dano".

[57] Artigo interessante sobre a recepção da imputação objetiva no Código Civil é encontrado em "Os avatares do abuso do direito e o rumo indicado pela boa-fé", da professora Judith Martins-Costa. In: *Direito Civil Contemporâneo*: novos problemas à luz da legalidade constitucional. Gustavo Tepedino (Org.). São Paulo: Atlas, 2008.

Direito dos Contratos

zo razoável para minimizar o dano sofrido pelo outro contratante que investiu tempo e recursos acreditando na duração do vínculo. O sistema é enriquecido, com a conjugação de uma forma imputação subjetiva com outra objetiva.[58]

Igualmente a parte especial contempla previsões acerca da boa-fé. Quer na seara obrigacional, empresarial, quer no direito de família e de sucessões, são encontradas dezenas de normas que se valem da boa-fé para harmonizar as relações civis.

No livro obrigacional, é conhecida a tutela dos terceiros de boa-fé, que se manifesta em diversas normas. É tradicional a proteção do cessionário, que tem a garantia de manutenção do negócio, salvo quando previsto expressamente no instrumento da obrigação a vedação da cessão (art. 286). Na cessão por título oneroso, a regra vai no sentido de que o cedente fica responsável ao cessionário pela existência do crédito ao tempo em que lhe cedeu. Contudo, se a cessão é gratuita, tal responsabilidade se fundamenta na prova da má-fé do cedente, que é dispensada na outra hipótese (art. 295).

No direito das coisas, ramo que historicamente valoriza a boa-fé subjetiva, o sistema garante a percepção de frutos ao possuidor de boa-fé (art. 1.214), que é eximido de responsabilidade pela perda ou deterioração da coisa quando não dá causa (art. 1.217).[59] O raciocínio é completamente diverso, quando constatada a má-fé do agente, inclusive na extensão da indenização pelas benfeitorias, pois o possuidor de boa-fé tem direito (art. 1.219) ao reembolso das benfeitorias necessárias e úteis, podendo levantar as voluptuárias, facultado até o direito de retenção, ao passo que o de má-fé apenas é ressarcido pelas necessárias, sendo ausente o direito de retenção (art. 1.220).[60]

---

[58] Apontou Miguel Reale que "é claro que, no quadro de uma compreensão ético-social do Direito, não se concebe mais a teoria da responsabilidade civil com base apenas no elemento subjetivo da culpa, sendo aquela considerada devida, objetivamente, quando a natureza mesma da atividade desenvolvida pelo autor do dano já implica grandes riscos para quem dela participa". Espírito da nova Lei Civil. Disponível em <www.miguelreale.com.br>. Acesso em 23.12.2009.

[59] Já o possuidor de má-fé, pela incidência do art. 1.218, "responde pela perda, ou deterioração da coisa, ainda que acidentais, salvo se provar que de igual modo se teriam dado, estando ela na posse do reivindicante".

[60] Mesmo o direito de retenção deve ser exercido de maneira conforme a boa-fé objetiva. Vale transcrever interessante precedente do STJ a este respeito: "DIREITO CIVIL. DIREITO DE PROPRIEDADE. POSSE DE BOA-FÉ. DIREITO DE RETENÇÃO QUE SE TORNAR IRREGULAR COM O USO DA COISA. DEVER DO RETENTOR DE INDENIZAR O PROPRIETÁRIO COMO SE ALUGUEL HOUVESSE. O direito de retenção assegurado ao possuidor de boa-fé não é absoluto. Pode ele ser limitado pelos princípios da vedação ao enriquecimento sem causa e da boa-fé objetiva, de forma que a retenção não se estenda por prazo indeterminado e interminável. O possuidor de boa-fé tem o direito de detenção sobre a coisa, não sendo obrigado a devolvê-la até que seu crédito seja satisfeito, mas não pode se utilizar dela ou perceber seus frutos. Reter uma coisa, não equivale a servir-se dela. O uso da coisa retida constitui abuso, gerando o dever de indenizar os prejuízos como se aluguel houvesse. Afigura-se justo que o proprietário deva pagar pelas acessões introduzidas, de boa-fé, no terreno e que, por

Como bem observa Caio Mário da Silva Pereira, não é a posse que garante o tratamento privilegiado, mas a boa-fé do agente: "ao possuidor de boa-fé, quanto ela durar, assiste a faculdade de perceber os frutos da coisa possuída. Não é um efeito da posse exclusivamente. Mas, como exceção ao princípio segundo o qual pertencem ao proprietário os frutos da coisa sua, o possuidor os perceberá, arrimado à boa-fé".[61]

A propriedade já não é vista como um direito absoluto. Ao contrário, assim como os demais direitos, que existem para promover a realização das pessoas e outros bens jurídicos dignos de tutela (meio ambiente, patrimônio histórico cultural etc.), o Código, em seu art. 1.228, restringe a propriedade privada, salientando que ela deve ser "exercida em consonância com as suas finalidades econômicas e sociais e de modo que sejam preservados, de conformidade com o estabelecido em lei especial, a flora, a fauna, as belezas naturais, o equilíbrio ecológico e o patrimônio histórico e artístico, bem como evitada a poluição do ar e das águas" (§ 1º). Igualmente, recepcionando o abuso de direito, veda "os atos que não trazem ao proprietário qualquer comodidade, ou utilidade, e sejam animados pela intenção de prejudicar outrem" (§ 2º). E realizando a diretriz da socialidade do Código admite que o proprietário seja privado da coisa, nos casos de desapropriação, por necessidade ou utilidade pública ou interesse social, bem como no de requisição, em caso de perigo público iminente (§ 3º), na linha da Constituição Federal. Inovação importante, acerca desse dispositivo, ocorre no § 4º, quando admite que o proprietário também possa ser privado da coisa "se o imóvel reivindicado consistir em extensa área, na posse ininterrupta e de boa-fé, por mais de cinco anos, de considerável número de pessoas, e estas nela houverem realizado, em conjunto ou separadamente, obras e serviços considerados pelo juiz de interesse social e econômico relevante".[62] Não à toa a doutrina alude ao fenômeno de "repersonalização da posse".[63]

---

outro lado, os possuidores sejam obrigados a pagar um valor, a ser arbitrado, a título de aluguel, pelo uso do imóvel. Os créditos recíprocos haverão de ser compensados de forma que o direito de retenção será exercido no limite do proveito que os retentores tenham da propriedade alheia. Recurso Especial provido". REsp. 613387/MG, 3ª Turma, Rel. Min. Nancy Andrighi. DJE: 10.12.2008.

[61] *Instituições de Direito Civil.* Vol. IV. Direitos Reais. Rio de Janeiro: Forense, 2001, p. 44.

[62] Sobre o tema, importante precedente: "Ação reivindicatória. Improcedência. Área de terra na posse de centenas de famílias, há mais de 22 anos. Formação de verdadeiro bairro, com inúmeros equipamentos urbanos. Função social da propriedade como elemento constitutivo do seu conceito jurídico. Interpretação conforme a Constituição. Inteligência atual do art. 524 do CC. Ponderação dos valores em conflito. Transformação da gleba rural, com perda das qualidades essenciais. Aplicação dos arts. 77, 78, e 589 do CC. Conseqüências fáticas do desalojamento de centenas, senão milhares, de pessoas, a que não pode ser insensível o juiz. Nulidade da sentença rejeitada por unanimidade. Apelação desprovida por maioria." (AC 597163518, 6ª C.C., TJRS, Relator Vencido: João Pedro Pires Freire, Redator para Acórdão: Carlos Alberto Alvaro de Oliveira, j. 27/12/2000).

[63] O leitor encontra bibliografia específica para adequado aprofundamento em João Paulo Veiga Sanhudo. *A Repersonalização da Posse no Direito.* Nota Dez: Porto Alegre, 2011.

Direito dos Contratos

Na seara do direito de família, permanece a extração de efeitos positivos gerados a partir de casamentos anuláveis ou nulos. A regra inserta no art. 1.561 do Código Civil almeja proteger o interesse dos cônjuges e, especialmente, dos filhos havidos no casamento.[64] Igualmente os terceiros que negociam com os cônjuges terão os negócios onerosos protegidos, desde que ausente prova de sua má-fé.[65] Paulo Neto Lôbo, em feliz metáfora, destaca que "a boa-fé purifica a invalidade, admitindo efeitos apesar desta".[66]

Enfim, tantos outros exemplos poderiam ser apontados para se demonstrar que, ao longo do ordenamento civil, são inúmeras as situações em que há referência à "boa-fé" das pessoas. Certamente, essa realidade não é uma feliz coincidência, mas sim um reflexo da "diretriz da eticidade" idealizada pelo trabalho conduzido por Miguel Reale.[67]

1.4. A multifuncionalidade da boa-fé no Direito Contratual

Como mencionado, o Código Civil dedica inúmeros artigos ao tratamento da boa-fé na seara obrigacional. Pelo alcance, a norma mais importante está positivada no art. 422, que preconiza aos contratantes guardar, assim na conclusão do contrato, como em sua execução, os princípios de probidade e boa-fé.[68] Esta verdadeira norma de sobredireito admite aplicação em qualquer assunto de direito obrigacional.

Nas previsões específicas dos contratos típicos, existem inúmeras referências à boa-fé. Por ilustração, veja-se a previsão do art. 606, que admite a "compensação razoável" do prestador de serviço, ainda que não possua o competente título de habilitação para o trabalho prestado, desde que resulte benefício para a outra parte e que tenha "agido com boa-fé". Solução contrária agrediria o senso de justiça, pois seria contempla-

---

[64] Art. 1.561, CCB: "Embora anulável ou mesmo nulo, se contraído de boa-fé por ambos os cônjuges, o casamento, em relação a estes como aos filhos, produz todos os efeitos até o dia da sentença anulatória. § 1º Se um dos cônjuges estava de boa-fé ao celebrar o casamento, os seus efeitos civis só a ele e aos filhos aproveitarão. § 2º Se ambos os cônjuges estavam de má-fé ao celebrar o casamento, os seus efeitos civis só aos filhos aproveitarão".

[65] Art. 1.563, CCB: "A sentença que decretar a nulidade do casamento retroagirá à data da sua celebração, sem prejudicar a aquisição de direitos, a título oneroso, por terceiros de boa-fé, nem a resultante de sentença transitada em julgado".

[66] LÔBO, Paulo. *Direito Civil* – Famílias. 2. ed. São Paulo: Saraiva, 2009, p. 112.

[67] Essa diretriz confirma uma marca do pensamento do autor: "o inevitável conteúdo axiológico do Direito". *Filosofia do Direito*. 20. ed. São Paulo: Saraiva, 2002.

[68] Art. 422: "Os contratantes são obrigados a guardar, assim na conclusão do contrato, como em sua execução, os princípios de probidade e boa-fé".

32 *Daniel Ustárroz*

do um contratante com o serviço prestado, sem qualquer contrapartida para aquele que se esforçou.

No contrato de mandato, existe uma preocupação especial com os terceiros de boa-fé que negociam com os mandatários. Ocorrendo a revogação do mandato, notificada somente ao mandatário, os negócios celebrados com os terceiros ficam resguardados, pois a solução do sistema é priorizar ao mandante a via indenizatória em desfavor do mandatário (art. 686, CCB). Ainda no que toca ao mandato, são reputados válidos, "a respeito dos contratantes de boa-fé, os atos com estes ajustados em nome do mandante pelo mandatário, enquanto este ignorar a morte daquele ou a extinção do mandato, por qualquer outra causa" (art. 689, CCB).

No contrato de seguro, exige-se "a mais estrita boa-fé e veracidade, tanto a respeito do objeto como das circunstâncias e declarações a ele concernentes" (art. 765, CCB). A estrada é de mão dupla, o que permite à jurisprudência coibir tanto a empresa quanto os consumidores que tenham, voluntariamente ou não, dado causa a prejuízos imerecidos. Nesse sentido, a disposição do art. 766 é interessante, pois determina o perdimento pelo segurado da garantia, quando demonstrado que prestou declarações inexatas ou omitiu circunstâncias que poderiam influir na aceitação da proposta ou na taxa do prêmio. O parágrafo único da norma ressalva que, não ocorrendo má-fé do segurado, haverá a alternativa entre a resolução do contrato ou a complementação do prêmio. Essa escolha não é arbitrária, devendo ser exercida em atenção à boa-fé e a função econômica-social reconhecida no vínculo.

Outras previsões específicas são encontradas ao longo do Código e confirmam a importância dedicada ao princípio da boa-fé, para oferecer previsibilidade e segurança aos contratantes. A ideologia da boa-fé parte do reconhecimento de que ambos os participantes da relação são corresponsáveis pelo correto adimplemento, que é o agente polarizador da relação obrigacional.

Três, pois, as funções da cláusula geral, a saber: (a) auxiliar a interpretação dos negócios jurídicos, tendo como nortes o adimplemento e as expectativas geradas nas partes; (b) formação de deveres laterais ("nebenpflichten") que tem por fito salvaguardar a higidez patrimonial e pessoal dos sujeitos frente atos do *alter* e (c) limitar o exercício de direitos subjetivos, como forma de permitir que o trato alcance os fins colimados quando de sua celebração.[69]

---

[69] Outras funções relevantes são destacadas nas obras específicas sobre o tema. No direito brasileiro, v. Judith Martins-Costa. *A Boa-Fé no Direito Privado*. São Paulo: RT. No direito português, Antonio Menezes Cordeiro. *A Boa-Fé no Direito Civil*. Coimbra: Almedina.

Direito dos Contratos

Com efeito, na medida em que a boa-fé não está conectada diretamente com a vontade dos sujeitos – prescindindo, portanto, da pesquisa do ânimo do sujeito – são identificados verdadeiros mandamentos de conduta, que podem ser cotejados objetivamente com as condutas adotadas pelos contratantes. Ao lado de omissões, a boa-fé pode impor ações, com o escopo de garantir a satisfação plena dos contratantes e salvaguardar o vínculo celebrado. Pense-se no exemplo do laboratório que descobre efeito colateral não identificado até aquele momento histórico. Certamente, deverá informar a cadeia produtiva e os consumidores acerca de tal descoberta, para evitar a ocorrência de danos. Ou seja, a boa-fé requer inação e atuação, dependendo do caso concreto, pois o fundamental é respeitar, no limite do razoável, as expectativas geradas pela aproximação negocial.

Dentro desse contexto, a omissão ou a atuação em desconformidade com as exigências razoavelmente esperadas pelo Direito, a partir da valorização do hábito social, das regras de mercado e das expectativas criadas pelo contato negocial, podem caracterizar o cumprimento defeituoso e autorizar a pretensão indenizatória para eventual reparação do dano.[70] Em situações mais graves – e felizmente raras – podem inclusive autorizar a resolução do contrato, caso esteja em vigor, pois, embora cumprida a obrigação principal, a desatenção aos deveres fiduciários pode retirar a própria satisfação do contrato.[71]

De outra banda, a boa-fé objetiva auxilia o intérprete na análise de negócios jurídicos. A regra de que os contratos são interpretados levando-se em conta a intenção das partes, em detrimento do sentido literal, exposta no art. 112, e complementada pela consideração da boa-fé e dos usos e costumes do local da celebração.[72] Ao componente subjetivo, preconizado naquela norma, são agregados critérios objetivos para aproximar a interpretação da realidade e da justiça.

---

[70] Correta a conclusão de Marcos Jorge Catalan, quando afirma que "pode afirmar-se que haverá cumprimento inexato ou defeituoso quando o devedor desempenhar a prestação que lhe incumbe em contrariedade ao princípio da pontualidade, seja por ofensa à prestação principal, por violar dever lateral de conduta ou em razão do desrespeito a dever acessório, causando, com seu comportamento, danos de ordem patrimonial ou extrapatrimonial, que não seriam suportados nos casos de mora ou de inadimplento". In Reflexões sobre o cumprimento inexato da obrigação no direito contratual. Disponível em <http://www.diritto.it/archivio/1/26876.pdf>. Acesso em 20.12.2009.

[71] A seara trabalhista é rica em exemplos: veja-se o exemplo do trabalhador que comparece frequentemente embriagado em serviço ou da empresa que atribui tarefas manifestamente menores do grau de qualificação do funcionário apenas para forçar sua saída. Ou, ainda, como recentemente divulgado na imprensa do atleta que entra em campo e permanece pelo tempo da partida, mas às emissoras de rádio afirma que como o clube finge que paga seu salário ao final do mês, ele também finge jogar. Aspectos secundários, como uma entrevista, pode provocar mais danos do que a mera atuação insatisfatória na execução do contrato.

[72] Art. 113, do Código Civil: "os negócios jurídicos devem ser interpretados conforme a boa-fé e os usos do lugar de sua celebração".

Ainda que os contratantes se mostrem extremamente cautelosos e redijam previsões abstratas sobre centenas de situações hipotéticas, jamais a inteireza da vida poderá ser transposta ao instrumento contratual. Sempre haverá espaço para o imprevisto, que o destino se encarrega de apresentar às pessoas. O programa contratual, definitivamente, não consegue captar a complexidade da vida, embora possa reduzi-la para oferecer boa dose de segurança aos envolvidos.[73]

De igual maneira, mostrar-se-ia custoso para as partes (e possivelmente inútil ou impossível) identificarem absolutamente todos os deveres originados a partir do contato negocial. Figuremos a hipótese em que um pequeno restaurante ajusta com um fornecedor a distribuição de bebidas por determinado período. De regra, o contrato fará menção aos elementos principais: quantidade, qualidade, preço, forma de pagamento, periodicidade, horário de entrega, etc. Contudo, a despeito de conter todos os elementos essenciais, ainda assim o contrato por si só não será suficiente para gerar satisfação plena aos participantes. Imagine-se que o funcionário responsável pela entrega apresenta-se diuturnamente embriagado, mostrando-se inconveniente com os funcionários ou consumidores da cantina...

É por isso que, ao lado dos deveres principais e secundários (que se ligam à prestação) agregam-se outros, aqui classificados como laterais (*nebenpflichten*) ou anexos, os quais decorrem da fidúcia depositada em cada contratante. Eles não precisam estar expressos no contrato para que existência no mundo jurídico seja avalizada, uma vez que partem da constatação de que ambos os parceiros devem zelar pela satisfação do par, evitando a prática de atos danosos inúteis.

Dentre outros, decorrem da boa-fé os deveres de proteção, lealdade, correção, probidade, esclarecimento, que podem perdurar inclusive após a extinção do contrato, na medida em são justificados pela aproximação negocial. No momento em que incidem os deveres criados pela boa-fé, o exercício jurídico da pessoa sofre uma limitação, que é justificada pela necessidade de se oferecer segurança à contraparte.

Por fim, a boa-fé, ao lado de outros critérios importantes como a função econômica e social dos direitos, servirá para guiar o exercício de toda e qualquer posição jurídica. Na linha do art. 187 do Código Civil, também é considerado ilícito o agir do titular de um direito, quando exercido em

---

[73] Nesse sentido, sublinha a professora Judith Martins-Costa que "a primeira função, hermenêutico-integrativa, é a mais conhecida: atua aí a boa-fé como *kanon* hábil ao preenchimento de lacunas, uma vez que a relação contratual consta de eventos e situações, fenômenicos e jurídicos, nem sempre previstos ou previsíveis pelos contratantes". Op. cit., p. 34.

Direito dos Contratos

35

manifesto desacordo com a boa-fé, seu fim econômico ou social ou pelos bons costumes.

A função do art. 187 no sistema ultrapassa a ideia histórica do abuso de direito, que está positivado no art. 1.228, 2º, CCB.[74] É que, nesta última figura, a ilicitude é subjetiva, idealizada para censurar a intenção emulativa do proprietário. Já na hipótese do art. 187, a ilicitude é objetiva e prescinde da perquirição do ânimo do titular.

Os dois exemplos imortalizados na história do abuso do direito servem para explicar o fenômeno. Tanto no caso dos dirigíveis, em que o vizinho teria erguido um muro com a única finalidade de prejudicar a atividade alheia (e forçar a realização de compra e venda mais vantajosa), quanto no caso da chaminé construída em tamanho manifestamente desproporcional com o fito de retirar a luminosidade do pátio alheio, a jurisprudência censurou a intenção do agente. A ilicitude do art. 187 contenta-se com o cotejo dos atos em si, de forma que, a despeito da eventual boa intenção do agente, poderá ser reconhecida.

Como bem aponta a professora Judith Martins-Costa, não apenas quando contraria a lei o sujeito obra na ilicitude, "mas, igualmente, quem utiliza de modo disfuncional um poder licitamente conferido pela ordem jurídica". O raciocínio nesta última hipótese repousa sobre a consideração do caso concreto, pois "nesses casos a conduta ilícita não vem pré--configurada na norma, sendo necessário averiguar in concreto e com os olhos nos elementos fáticos, se foram observadas as condições para o hígido exercício do direito – por exemplo, se certas precauções devidas ao dever de agir segundo a boa-fé foram ou não adotadas".[75]

Todo o exercício jurídico, nesses termos, está condicionado ao cumprimento de sua função normal dentro do sistema social.[76] O ato deixa de ser isoladamente analisado e passa a ser encarado dentro de uma perspectiva global, na qual está inserido.[77] A ilicitude tanto pode decorrer do ato propriamente dito, quanto de seu cotejo com a atividade. Renasce, assim, *o venire contra factum proprium*, pela conjugação das condutas do sujeito ao

---

[74] Art. 1.228, § 2º: "São defesos os atos que não trazem ao proprietário qualquer comodidade, ou utilidade, e sejam animados pela intenção de prejudicar outrem".

[75] *Comentários ao Código Civil*, v. 5, t. II. 2. ed. Rio de Janeiro: Forense, 2009, p. 189.

[76] Sobre o exercício jurídico, é fundamental a obra de Menezes Cordeiro. *Tratado de Direito Civil Português*, v. I, parte geral, t. IV. Coimbra: Almedina, 2007. O autor aborda com profundidade a evolução do abuso de direito, do *venire contra factum proprium*, dentre outras figuras.

[77] Interessante precedente sobre a valoração do ato dentro de um contexto: "aufere vantagem manifestamente exagerada, de forma abusiva e em contrariedade à boa-fé objetiva, o segurador que, após longo período recebendo os prêmios devidos pelo segurado, nega cobertura, sob a alegação de que se trata de doença pré-existente". REsp. 1.080.973/SP, 3ª Turma, Rel. Mina. Nancy Andrighi. DJE: 03.02.2009.

longo de todo o vínculo e seu dever de correição.[78] Paulo da Mota Pinto, a este respeito, salienta que o principal efeito do *venire* é "o da inibição do exercício de poderes jurídicos ou direitos, em contradição com o comportamento anterior", pois há casos em que se sente uma "necessidade ético--jurídico" de tutelar a expectativa criada pelo contato negocial.[79]

Ainda acerca da limitação do exercício jurídico, o exemplo da resolução contratual é paradigmático. Tanto a doutrina, quanto a jurisprudência, reconhecem que a resolução é um direito formativo do credor, a ser usufruído quando desaparece o interesse na prestação. Todavia, diante de pequenos inadimplementos ou da chance real de alcançar-se o adimplemento tardio, o sistema brasileiro não admite o exercício desse direito formativo, optando por privilegiar o contrato e a posição do devedor.[80]

Com efeito, especial atenção merecem as cláusulas resolutórias expressas e as que estabelecem a resilição unilateral do pacto. Conquanto abstratamente lícitas, sua utilização *in concreto* depende da consideração dos interesses alheios e de um mínimo de coerência, não se justificando sua utilização como pretexto formal para encobrir abusos.[81] Nessa linha, o professor Denis Mazeaud comenta aresto da Corte de Cassação, de 16.02.1999, que censura o comportamento do credor que, após 12 anos de tolerância com o inadimplemento, notifica o herdeiro do devedor acerca de seu interesse na resolução, sem oferecer a possibilidade de purgar a mora. O argumento é que a paciência e a indulgência prolongada do credor, diante de faltas à lei contratual, geram confiança legítima, senão quanto ao perdão da inexecução, ao menos quanto à não aplicação abrupta da cláusula resolutória ("... sinon dans la tolérance de l'inexecution, du moins dans l'application de la clause resolutoire").[82]

Um caso muito parecido foi julgado pelo Superior Tribunal de Justiça em 2011. Tratava-se da pretensão de um escritório de advocacia que fora contratado por uma indústria, a fim de prestar serviços de consultoria. Ficou estabelecido, no contrato, que a atualização monetária ocorreria

---

[78] No direito brasileiro, consulte-se com proveito a obra de Anderson Schreiber. *A Proibição de Comportamento Contraditório*. 2. ed. Rio de Janeiro: Renovar, 2007.

[79] Sobre a proibição do comportamento contraditório (*venire contra factum proprium*) no direito civil, p. 105.

[80] Sobre o tema, Ruy Rosado de Aguiar Junior. *Extinção dos Contratos por Incumprimento do Devedor*. 2. ed. Rio de Janeiro: AIDE, 2004.

[81] Veja-se o caso julgado pelo Tribunal de Apelação de Paris em que uma empresa objetivava a resilição de contrato de distribuição em razão da alienação de 25% do capital social do outro contratante. A Corte não visualizou razão para se reconhecer uma obrigação *intuito personae*, mormente por se tratar de pessoa moral. O aresto é comentado por Jacques Mestre no artigo "validité d'une clause de résiliation unilatérale d'un contrat à durée déterminée mais exigence de bonne foi dans sa mise en oeuvre".

[82] *De l'exigence de cohérence contractuelle en matière de clause résolutoire expresse*, p. 360.

Direito dos Contratos

37

anualmente. Ocorre que, ao longo dos seis anos de vigência do contrato, nenhum reajuste foi observado. Um dos pedidos da ação era, justamente, o recebimento de valores a este título. A Corte julgou improcedente o pedido, atraindo a incidência da *supressio*, a qual "indica a possibilidade de redução do conteúdo obrigacional pela inércia qualificada de uma das partes, ao longo da execução do contrato, em exercer direito ou faculdade, criando para a outra a legítima expectativa de ter havido a renúncia àquela prerrogativa".[83]

A figura do "tu quoque" também é importante, na medida em que encerra a ideia de retidão e de isonomia, afinal "equity must come with clean hands". Os sujeitos devem assumir uma postura escorreita, de sorte que somente poderão postular de outrem o cumprimento de deveres, quando também os tenham respeitado.

Enfim, a boa-fé desempenha valiosas e múltiplas funções, enriquecendo o panorama obrigacional e proporcionando condições para a satisfação dos participantes.

1.5. A aplicação da boa-fé objetiva pela jurisprudência

Como referido, mesmo antes do Código Civil de 2002, encontravam-se precedentes que aplicavam a boa-fé para dirimir conflitos obrigacio-

---

[83] "CIVIL. CONTRATOS. DÍVIDAS DE VALOR. CORREÇÃO MONETÁRIA. OBRIGATORIEDADE. RECOMPOSIÇÃO DO PODER AQUISITIVO DA MOEDA. RENÚNCIA AO DIREITO. POSSIBILIDADE. COBRANÇA RETROATIVA APÓS A RESCISÃO DO CONTRATO. NÃO-CABIMENTO. PRINCÍPIO DA BOA-FÉ OBJETIVA. TEORIA DOS ATOS PRÓPRIOS. *SUPRESSIO*. 1. Trata-se de situação na qual, mais do que simples renúncia do direito à correção monetária, a recorrente abdicou do reajuste para evitar a majoração da parcela mensal paga pela recorrida, assegurando, como isso, a manutenção do contrato. Portanto, não se cuidou propriamente de liberalidade da recorrente, mas de uma medida que teve como contrapartida a preservação do vínculo contratual por 06 anos. Diante desse panorama, o princípio da boa-fé objetiva torna inviável a pretensão da recorrente, de exigir retroativamente valores a título de correção monetária, que vinha regularmente dispensado, frustrando uma expectativa legítima, construída e mantida ao longo de toda a relação contratual. 2. A correção monetária nada acrescenta ao valor da moeda, servindo apenas para recompor o seu poder aquisitivo, corroído pelos efeitos da inflação. Cuida-se de fator de reajuste intrínseco às dívidas de valor, aplicável independentemente de previsão expressa. Precedentes. 3. Nada impede o beneficiário de abrir mão da correção monetária como forma de persuadir a parte contrária a manter o vínculo contratual. Dada a natureza disponível desse direito, sua supressão pode perfeitamente ser aceita a qualquer tempo pelo titular. 4. O princípio da boa-fé objetiva exercer três funções: (i) instrumento hermenêutico; (ii) fonte de direitos e deveres jurídicos; e (iii) limite ao exercício de direitos subjetivos. A essa última função aplica-se a teoria do adimplemento substancial das obrigações e a teoria dos atos próprios, como meio de rever a amplitude e o alcance dos deveres contratuais, daí derivando os seguintes institutos: tu quoque, venire contra factum proprium, surrectio e supressio. 5. A supressio indica a possibilidade de redução do conteúdo obrigacional pela inércia qualificada de uma das partes, ao longo da execução do contrato, em exercer direito ou faculdade, criando para a outra a legítima expectativa de ter havido a renúncia àquela prerrogativa. 6. Recurso especial a que se nega provimento." (REsp 1202514/RS, Rel. Ministra NANCY ANDRIGHI, TERCEIRA TURMA. DJe 30/06/2011).

nais. Contudo, após a vigência do novo diploma civil, proliferaram-se julgados com alusão à boa-fé. Em algumas situações, observa-se inclusive uma "hipertrofia" no uso da boa-fé, o que pode ser explicado como uma manifestação inicial de simpatia pela inovação, ainda carente de maturação. Soa natural que, com o passar dos anos e a evolução doutrinária e jurisprudencial, a boa-fé seja aplicada com mais prudência e cautela. De toda sorte, mereceriam destaque diversos precedentes que harmonizaram os interesses contrapostos, pela aplicação da boa-fé objetiva.

Um caso interessante definiu litígio oriundo de relação comercial de representação e distribuição.[84] Embora inexistindo contrato escrito, a Corte reputou suficiente para a caracterização do acordo a comprovação de inúmeras relações de compra e venda, seguidas de revenda na praça de atuação da autora, mediante "desconto especial" no preço das mercadorias em valor próximo a 50%. Após longo período de relacionamento comercial, a ré passou a atender diretamente os clientes da autora, aproveitando-se, portanto, da clientela angariada e formada pelo trabalho da parceira. A relatora, Desembargadora Marilene Bonzanini Bernardi, considerou inadmissível o rompimento repentino, sem qualquer aviso-prévio, dessa parceria, que em última análise inviabilizou a atividade comercial da autora, pois era aquela sua atividade principal. Diante da ausência de justo motivo para a rescisão, o Tribunal considerou que a "a rescisão unilateral do negócio jurídico exigia prévia notificação, que não ocorreu e acarretou prejuízos consideráveis por parte da demandante. Conquanto grandes investimentos possam não ter sido realizados, é certo que as massas eram o produto que alimentava o comércio da autora, de molde que, para ajustar-se à nova realidade, já que não se retira o direito de a ré resolver o contrato, justo que assinasse prazo razoável para as adaptações que se fizessem necessárias". Esta postura, de desatenção ao interesse alheio, iria de encontro ao princípio da boa-fé objetiva, que deve ser usado para colorir a interpretação do art. 473 do Código Civil.[85]

---

[84] "DIREITO PRIVADO NÃO ESPECIFICADO. CONTRATO DE DISTRIBUIÇÃO. RESCISÃO UNILATERAL. AUSÊNCIA DE PRÉVIA NOTIFICAÇÃO. VIOLAÇÃO DO PRINCÍPIO DA BOA-FÉ CONTRATUAL. Provado o relacionamento contratual, não formalizado por escrito, mas demonstrado pela prova dos autos, a boa-fé inibe a rescisão contratual de forma unilateral sem notificação prévia, pelo que deve devida indenização a esse título, de forma a mitigar os prejuízos de ruptura abrupta. Caso, entretanto, no qual não é demonstrada a exclusividade e, ainda, investimentos específicos para o desenvolvimento da atividade, que, aliás, abarcava a distribuição e venda de produtos diversos. Investimentos, ademais, que constituem riscos da atividade comercial a que se propuseram as partes. APELAÇÃO PARCIALMENTE PROVIDA". (TJRS, AC 70029470481, 9ª C.C., Rel. Des. Marilene Bonzanini Bernardi, j. 30.09.2009).

[85] Art. 473, CCB: "A resilição unilateral, nos casos em que a lei expressa ou implicitamente o permita, opera mediante denúncia notificada à outra parte. Parágrafo único. Se, porém, dada a natureza do contrato, uma das partes houver feito investimentos consideráveis para a sua execução, a denúncia unilateral só produzirá feito depois de transcorrido prazo compatível com a natureza e o vulto dos investimentos".

Direito dos Contratos

Nesses termos, procedente foi o pedido de indenização pela ausência de aviso prévio, em tempo hábil para permitir as adequações na vida empresarial da autora.

Uma situação bastante corriqueira na realidade nacional ocorre quando a empresa propõe a celebração de contrato de seguro e após realizar a vistoria e receber início de pagamento, nega-se a arcar com a indenização, alegando que o sinistro se dera antes da elaboração da apólice. Da boa-fé objetiva decorre a conclusão de que, uma vez aceita a proposta, está a viger o contrato, sendo legítima a proteção da expectativa do contratante em se garantir do risco contratado.[86]

Também no direito público a boa-fé desempenha importante função. Existem precedentes que, acertadamente, confrontam as penalidades aplicadas administrativamente com a falta contratual do administrado, para verificar sua proporcionalidade. A teoria do adimplemento substancial está presente nos julgados do Superior Tribunal de Justiça, na seara administrativa, como se vê da lição do Ministro José Delgado: "na contemporaneidade, os valores e princípios constitucionais relacionados à igualdade substancial, justiça social e solidariedade, fundamentam mudanças de paradigmas antigos em matéria de contrato, inclusive no campo do contrato administrativo que, desse modo, sem perder suas características e atributos do período anterior, passa a ser informado pela noção de boa-fé objetiva, transparência e razoabilidade no campo pré--contratual, durante o contrato e pós-contratual. Assim deve ser analisada a questão referente à possível penalidade aplicada ao contratado pela Administração Pública, e desse modo, o art. 87, da Lei nº 8.666/93, somente pode ser interpretado com base na razoabilidade, adotando, entre outros critérios, a própria gravidade do descumprimento do contrato, a noção de adimplemento substancial, e a proporcionalidade".[87]

Outro exemplo da utilização da boa-fé objetiva para limitar o exercício de direitos subjetivos, de maneira abusiva, encontra-se na orientação jurisprudencial no sentido de se exigir prévia manifestação judicial acerca

---

[86] Nesse sentido: "SEGURO. SINISTRO OCORRIDO APÓS O RECEBIMENTO DA PROPOSTA E ENTREGA DA PRIMEIRA PARCELA DO PRÊMIO, MAS ANTES DA EMISSÃO DA APÓLICE. PRINCÍPIO DA BOA-FÉ OBJETIVA. DEVER DE CUMPRIR O CONTRATO DE SEGURO. – Já estando efetuada a proposta vários dias antes, tendo a seguradora recebido em 26/7, realizado vistoria no veículo em 25/7, não se mostra possível, tendo o furto do automóvel ocorrido em 9/8, simplesmente negar cobertura por afirmar, na mesma data, não ter aceito a proposta do segurado. – Princípio da boa-fé objetiva, que deve ser aplicado, ainda mais quando a seguradora, após o furto do veículo, providenciou em locação de veículo substituto para o cliente, arcando com o custo daí decorrente, dando a clara idéia de vigência do contrato. – Recusa da proposta que não se mostra possível, diante das circunstâncias do caso concreto, de maneira que se há de ter por pactuado o seguro nos moldes da dita proposta. Negaram provimento ao recurso." (TJRS, RC 71001111194, 1º Turma Recursal Cível, Relator: Heleno Tregnago Saraiva, j. 13/09/2007).

[87] REsp 914.087/RJ, 1ª Turma, Rel. Min. José Delgado. DJ: 29.10.2007, p. 190.

da resolução de contrato fundada em cláusula contratual expressa cuja legalidade se mostre duvidosa. A análise judiciária, nessas circunstâncias, serviria para evitar consequências graves impostas pela parte credora em detrimento do objetivo contratual.[88]

Fenômeno próximo pode ser visualizado nas execuções de astreintes. Em algumas específicas situações, observa-se na prática a desatenção do credor quanto ao cumprimento da ordem judicial alicerçada em multa diária. Constatado que o beneficiário torna-se mais interessado no inadimplemento da outra parte do que propriamente na resolução de seu problema concreto, muitas vezes a multa assume valor enorme ("se a multa fixada como astreinte pelo juízo singular é absurdamente exagerada e corresponde a um verdadeiro prêmio de loteria, o Tribunal deve expurgar a penalidade, notadamente porque o processo é instrumento ético de garantias constitucionais, não podendo ser utilizado para o alcance de abusos ou para se promover o enriquecimento ilícito"[89]).

Para evitar o empobrecimento do devedor, bem como estimular um comportamento diligente do credor, a jurisprudência vem reconhecendo a admissibilidade da redução da quantia fixada, inclusive após o trânsito em julgado do processo. Esta solução – excepcional – também pode ser explicada pela necessidade de se valorizar o comportamento objetivo do credor, para diferenciar aquelas pessoas que se insurgem contra o inadimplemento alheio e aquelas que simplesmente deixam o tempo passar, por preferir a incidência da multa, olvidando que a sua função

---

[88] Nessa linha: "CIVIL E PROCESSUAL CIVIL. RECURSO ESPECIAL. VIOLAÇÃO AO ARTIGO 535 DO CPC. NÃO-OCORRÊNCIA. AÇÃO DE REINTEGRAÇÃO DE POSSE AJUIZADA EM VIRTUDE DE INADIMPLEMENTO DE CONTRATO DE COMPROMISSO DE COMPRA E VENDA. IMPOSSIBILIDADE DE DEFERIMENTO DE ANTECIPAÇÃO DE TUTELA SEM QUE TENHA HAVIDO MANIFESTAÇÃO JUDICIAL ACERCA DA RESOLUÇÃO DO CONTRATO, AINDA QUE ESTE CONTE COM CLÁUSULA RESOLUTÓRIA EXPRESSA. PRINCÍPIO DA BOA-FÉ OBJETIVA. 1. Não há violação ao artigo 535 do CPC quando a Corte de origem aprecia a questão de maneira fundamentada, apenas não adotando a tese do recorrente. 2. É imprescindível a prévia manifestação judicial na hipótese de rescisão de compromisso de compra e venda de imóvel para que seja consumada a resolução do contrato, ainda que existente cláusula resolutória expressa, diante da necessidade de observância do princípio da boa-fé objetiva a nortear os contratos. 3. Por conseguinte, não há falar-se em antecipação de tutela reintegratória de posse antes de resolvido o contrato de compromisso de compra e venda, pois somente após a resolução é que poderá haver posse injusta e será avaliado o alegado esbulho possessório. 4. Recurso provido em parte, para afastar a antecipação de tutela." (REsp 620.787/SP, 4ª Turma, Rel. Min. Luis Felipe Salomão. DJE : 27.04.2009).

[89] "RECURSO ESPECIAL – ASTREINTE – APLICAÇÃO E REVOGAÇÃO – DISCRICIONARIEDADE DO JULGADOR – APRECIAÇÃO EM SEDE DE EXCEÇÃO DE PRÉ-EXECUTIVIDADE – POSSIBILIDADE – RECURSO IMPROVIDO. 1 – A decisão que arbitra a astreinte não faz coisa julgada material, pois ao magistrado é facultado impor essa coerção, de ofício ou a requerimento da parte, cabendo a ele, da mesma forma, a sua revogação nos casos em que a multa se tornar desnecessária. 2. É cabível exceção de pré-executividade com objetivo de discutir matéria atinente à astreinte. 3. Recurso improvido." (REsp 1019455/MT, Rel. Ministro MASSAMI UYEDA, 3. T., julgado em 18/10/2011, DJe 15/12/2011).

precípua é garantir o adimplemento, e não premiar a indiferença do credor quanto ao cumprimento da obrigação.

Como se observa, o princípio da boa-fé foi definitivamente incorporado ao discurso jurídico nacional e, certamente, ainda vai contribuir para a resolução de tantos outros temas do direito obrigacional, em face de seu "papel fotosintetizador" dentro do sistema.

2. A responsabilidade pré-negocial no Direito brasileiro

2.1. A Ampliação da proteção jurídica dos contratantes

Ao longo dos últimos séculos, observou-se interessante evolução no estudo referente ao tema do inadimplemento. Esmiuçado pela doutrina e aplicado pela jurisprudência à luz das exigências concretas das pessoas, o assunto recebeu atenção das Faculdades de Direito, de modo que a grande maioria delas dedica – no mínimo – dois semestres à análise do direito obrigacional e contratual. Essa dedicação ao estudo desses ramos científicos é justificada, pois eles irradiam efeitos em todo sistema jurídico.

Paralelamente, se formos analisar o desenvolvimento do direito contratual no solo brasileiro, nota-se um descolamento do eixo de análise do "tempo do contrato". Explica-se: o regramento do Código de 1916, o esforço doutrinário no século XX e os problemas práticos do Foro, inicialmente, se colocavam em grande escala com o momento de formação do vínculo. Um contrato, quando celebrado isento de vícios, espelharia a justiça.

Tal tema era extremamente caro à Escola Liberal e, de certa maneira, refletia uma interpretação consensual do princípio *pacta sunt servanda*. Nesse passo, a jurisprudência nacional admitia a apreciação judicial dos pactos, desde que algum vício surgido quando de sua conclusão fosse comprovado. Dentro dessa atmosfera, foi relevante o avanço teórico das figuras do erro, coação, dolo, estado de perigo e outros defeitos verificáveis no ato da contratação.

Entretanto, ao longo do século XX, no Brasil, foi observada uma guinada nesse eixo de análise. Por força de novas exigências sociais, o operador passou a mirar com outros olhos situações próprias da fase de execução dos contratos que antes passavam quase despercebidas. Dentre outros fatores que contribuíram para tal evolução, podem ser apontados a instabilidade que afetava a economia contratual, a proliferação de con-

Direito dos Contratos

43

tratos pré-fabricados que já não mais espelhavam um encontro de vontades, e o reconhecimento doutrinário da obrigação como um rico processo. Certamente, não foi casualidade a revalorização de conceitos como a boa-fé, o equilíbrio, a função social dos contratos, a cláusula *rebus sic stantibus*, a sua revisão judicial, a resolução por onerosidade excessiva etc.

Por conseguinte, o sistema foi enriquecido com teorias aptas a resolver problemas surgidos na formação e na execução da avença. Essa realidade se explica, pois, na grande maioria das vezes, a insatisfação de um contratante nasce a partir do inadimplemento do dever assumido livremente pelo par. É a conclusão do contrato, fenômeno que simboliza o vínculo, que gera o direito à prestação, a legítima expectativa de satisfação, através do cumprimento da avença. Quando ocorre o adimplemento, desvinculam-se ambos os participantes. Este é o caminho normal das obrigações: uma fase de constituição, seguida da execução e, por fim, sua extinção com o pontual cumprimento para satisfação dos envolvidos.

Rica que é a experiência humana, também foi observado que a complexidade das relações contratuais demandariam outras projeções jurídicas, a partir do encontro entre as pessoas. Com efeito, em casos não raros, um minucioso regramento da crise do processo obrigacional, limitado exclusivamente ao período da execução do contrato, é insuficiente. Com efeito, tão importante quanto a tutela da fase específica da execução do pactuado, é a proteção dos contraentes nos períodos que antecedem o negócio e o sucedem, pois as expectativas e os danos não se restringem a um momento específico da relação.

As expectativas são formadas paulatinamente no decorrer de um processo, que se inicia com a aproximação negocial e somente se extingue com o adimplemento. Os danos, de seu turno, seguem idêntico caminho e podem brotar de negociações frustradas ou mesmo após o término da vigência do contrato.[90] A realidade apresenta inúmeros exemplos que atestam a insatisfação de contratantes a partir de eventos ocorridos após o adimplemento, assim como são observadas divergências entre as partes por fatos ocasionados na fase anterior à formalização do pacto.

Dentro desse contexto, uma vez admitida a ideia de que a relação obrigacional não é estática e que abriga uma série de etapas, é natural que o Direito se preocupe em estender a tutela dos participantes a todo o

---

[90] Bem assinala a professora Judith Martins-Costa: "na responsabilidade pré-negocial, os deveres que se violam, portanto, não são os deveres (obrigações) principais, que só se concretizam com o contrato formado, mas os deveres instrumentais, que em algumas hipóteses se concretizam previamente à formação do vínculo negocial, deveres de cooperação, de não-contradição, de lealdade, de sigilo, de correção, de informação e esclarecimento – em suma, deveres que decorrem da boa-fé objetiva como mandamento de atenção à legítima confiança despertada no futuro contratante e de tutela aos seus interesses". *Da Boa-Fé no Direito Privado*, p. 485. São Paulo: RT.

iter obrigacional, ou seja, desde a aproximação negocial até mesmo após o adimplemento.[91] A satisfação deve ser garantida dentro de uma visão globalizada que já não se limita exclusivamente ao tempo da formação e da execução do contrato.

Entretanto, essa necessidade de ampliar a tutela das pessoas, com a incorporação de novos paradigmas, para que não gere efeitos nocivos ao próprio convívio social, precisa de balizas claras, que permitam aos cidadãos identificarem em que medida o Direito lhes protege ou mesmo até que ponto estão agindo conforme o Direito. Este é, no momento, o grande desafio da teoria da responsabilidade pré e pós-negocial, uma vez que, embora assente sua atualidade, nem no plano doutrinário, nem no jurisprudencial, se visualiza um consenso quanto ao seu âmbito de aplicação.

Através das figuras da responsabilidade pré-negocial, também denominada pré-contratual, da *culpa post pactum finitum* e mesmo da responsabilidade pós-negocial, o Direito intentou ampliar a tutela das relações obrigacionais, disciplinando a responsabilização pelos danos ocasionados, a partir do contato negocial das partes (que poderá ou não desembocar em um contrato) e mesmo após o perfeito adimplemento. Em razão dessa incerteza, a doutrina aponta aos participantes, durante todo o *iter negotii,* certos deveres de conduta, que não visam a outro escopo senão ao de tutelar a confiança dos próprios envolvidos no processo negocial.

Brotam da exigência de segurança; ordinariamente, a partir da incidência do princípio da boa-fé objetiva; supletivamente, da própria vontade exteriorizada. Exemplos dessa concepção são encontrados: sigilo acerca das informações recebidas em razão do negócio, informação de riscos descobertos após a celebração do pacto, negociações promíscuas com terceiros concorrentes, dever de informar o parceiro sobre alguma circunstância que poderá implicar a invalidade do negócio, de cientificar prontamente o *alter* da desistência, prestar informações verdadeiras e completas, não permitir que o sujeito incorra em erro, zelar pelo patrimônio alheio etc. Logicamente, os usos e os costumes, bem como as condições específicas dos sujeitos envolvidos, auxiliam a análise do intérprete.

Ditas obrigações são impostas a todos negociantes, para oferecer um mínimo de segurança ao tráfego de riqueza. Não há rol exaustivo

---

[91] A ideia de progresso do vínculo obrigacional é bem apreendida por Ruy Rosado de Aguiar Junior: "os deveres nascidos da boa-fé são chamados de secundários, ou anexos, em oposição aos provenientes da vontade contratada, que são os principais. Podem ser classificados, quanto ao momento de sua constituição, em deveres próprios da etapa de formação do contrato (de informação, de segredo, de custódia); deveres da etapa da celebração (equivalência das prestações, clareza, explicitação); deveres da etapa do cumprimento (dever de recíproca cooperação para garantir a realização dos fins do contrato; satisfação dos interesses do credor); deveres após a extinção do contrato (dever de reserva, dever de segredo, dever de garantia da fruição do resultado do contrato, culpa post pactum finitum)". A Boa-fé na relação de consumo. Disponível no site do Superior Tribunal de Justiça, no *link* discursos. Acesso em 26.12.2009.

Direito dos Contratos · **45**

de deveres negociais, pois sua conveniência e sua intensidade é avaliada consoante o caso concreto, tendo como parâmetro objetivo os escopos imaginados pelos sujeitos, suas atitudes pretéritas e, principalmente, os usos e costumes, levando-se sempre em conta a relação obrigacional como uma sucessão lógica de atos que desembocará no adimplemento. Mostra-se correta, dentro dessa perspectiva, a doutrina que aproxima os deveres pré-negociais do *neminen laedere*.

Como dito, a doutrina sublinha o caráter incerto desses deveres pré-negociais, pois eles partem de uma realidade fluida.[92] A negociação pré-contratual, segundo Jean-Luc Aubert, pode ser definida como um movimento dialético que se desenvolve entre dois polos extremos: (a) a busca indecisa por um contrato (na qual a conclusão do contrato é visto como algo eventual); (b) a realização de um acordo contratual.[93] Entre tais extremos, muitas situações podem-se apresentar. A teoria da responsabilidade pré-negocial, portanto, se ocupa desse momento, que antecede a conclusão do contrato.

Também em outros ramos a responsabilidade pré-negocial é debatida com frequência, como no direito consumeirista, administrativo, trabalhista e mesmo ambiental. O tema, portanto, é da ordem do dia e merece sério debate da comunidade, a fim de identificar e justificar critérios que tornem o Direito mais conhecido e previsível, pois – sem essa mínima previsibilidade – difícil será exigir das pessoas atenção às regras, bem como responsabilização pelos danos ocasionados ilegitimamente.

Naquilo que interessa ao presente estudo, o fundamental é reconhecer o "alicerce teleológico" da disciplina, com a identificação de dois grandes centros de interesse: garantia de integridade às esferas jurídicas envolvidas, sem, no entanto, ferir substancialmente a autonomia de suas vontades. Todos, de um lado, estão livres para celebrar ou não uma relação comercial. Todavia, esta liberdade vai até o ponto em que, injustificadamente, a esfera do outro é atingida. Precisar o ponto de harmonia é o objetivo principal do presente estudo.

No presente capítulo, aborda-se, portanto, a chamada responsabilidade pré-contratual.

2.2. A decisiva contribuição de Rudolf von Jhering

Na ciência jurídica, é de Rudolf von Jhering a obra-prima sobre a responsabilidade pré-contratual. Publicada em 1860, *Culpa in Contrahendo* ou

---

[92] Jean-Luc Aubert reconhece uma "terminologie assez incertaine, dans un ensemble naturellement fluide". *Le Contrat*, p. 41.

[93] Op. cit., p. 40.

indenização em contratos nulos ou não chegados à perfeição", apresenta o problema e algumas alternativas de solução. O próprio autor anuncia seu desejo de "introduzir um tema inteiramente novo".[94] Em que pese sua existência secular, recentemente foi traduzida ao português e publicada pela Editora Almedina, em uma iniciativa que merece o reconhecimento da comunidade.[95] Vejamos as principais considerações de Jhering.

O mestre principia seu estudo salientando sua insatisfação quando, ao lecionar sobre a teoria do erro, não encontrava respostas suficientes para reconhecer a responsabilidade civil do errante em razão de danos gerados à contraparte em face de sua culpa. Apresentava o exemplo do consumidor que se dirigia ao mercado e, confundindo o sinal característico da moeda com o kilo, postulava a entrega de 100 kg de carne, em vez de $100 do produto. Na visão da doutrina da época, o contrato deveria ser tido como nulo, mediante a prova do lapso. É que, se uma pessoa quer comprar 100 kg, e outra apenas vender $100, não há vontades que se encontram, mas sim desencontro de vontades...

A partir dessa premissa, difícil era a perquirição de culpa contratual, quando nem sequer contrato perfeito fora formado. Identificava Jhering, portanto, uma "lacuna sensível" que gerava injustiças e desconsolo: "a parte culpada sai livre, a inocente é vítima da culpa alheia".[96] Se no século XIX esta constatação já inspirava atenção, no século XX e no atual o problema se multiplicou.

Estudando precedentes do direito romano que pudessem de alguma forma auxiliar a proteção dos contratantes inocentes, Jhering localiza a *actio emti* e extrai a seguinte proposição: "a conclusão do contrato não origina meramente uma vinculação ao cumprimento, mas antes também, em certas circunstâncias, quando este efeito está excluído por causa de um qualquer obstáculo jurídico, uma obrigação de indenização; a expressão 'nulidade' do contrato designa, segundo a terminologia romana e actual, apenas a ausência daquele efeito, mas não a de todos e quaisquer efeitos".[97] Com tais colocações, o autor reputou possível extrair efeitos jurídicos de contratos putativos.

O professor atribui a culpa um papel fundamental em sua ação de indenização: "sem tal ponto de vista, esta aparece como uma determinação positiva que, mesmo sendo ditada pelas exigências da equidade, está completamente isolada; com esse ponto de vista, ela enquadra-se numa lei geral da teoria do contrato, a de que qualquer parte tem de responder

---

[94] *Culpa in Contrahendo*, p. 01.

[95] *Culpa in Contrahendo*. Trad. Paulo da Mota Pinto. Coimbra, 2008.

[96] Op. cit., p. 02.

[97] Op. cit., p. 24.

Direito dos Contratos

perante a outra pelo dano que lhe causou por sua culpa. Sem esse ponto de vista, é uma acção de indemnização que não exige qualquer culpabilidade da outra parte; com esse ponto de vista, evita essa singularidade e obtém o carácter normal de uma qualquer acção de indemnização".[98] Nota-se, com nitidez, o apego do autor à coerência do sistema, que também explica sua opção pela responsabilidade subjetiva.

Em nosso sentir, Jhering foi extremamente feliz ao observar que o negociante, ao aproximar-se de terceiros e debater vínculos jurídicos, assumiria deveres mais robustos. A seguinte passagem é emblemática: "quem contrata, sai deste modo do círculo de deveres puramente negativo do tráfico extracontratual e entra no positivo da esfera contratual, sai do campo da mera culpa in faciendo para o da culpa in non faciendo, da diligentia positiva, e a primeira e mais geral obrigação que assim assume é a seguinte: aplicar a necessária diligentia logo no próprio contratar. Não são apenas as relações contratuais formadas, mas antes logo as que estão em formação que têm de estar sob a protecção das regras sobre a culpa, se não se quiser que o tráfico contratual seja neste aspecto obstaculizado de forma significativa, que cada contraente seja exposto ao perigo de se tornar vítima da negligência alheia".[99]

O conceito de *diligentia* contratual é o cerne da teoria de Jhering, que o próprio autor sintetiza na seguinte frase:"o imperativo da *diligentia* contratual vale, tal como para relações contratuais formadas, também para relações contratuais em formação, uma sua violação fundamenta aqui, como ali, a acção contratual de indemnização".

Outro mérito de Rudolf von Jhering, na obra analisada, é a consagração dos conceitos de interesse negativo e positivo, tais como hoje se aplicam na jurisprudência nacional. Asseverava o autor que o interesse do comprador poderia ser concebido de duas maneiras: "segundo uma delas, como o interesse na manutenção do contrato, ou seja, no cumprimento – aqui o comprador receberia num equivalente em dinheiro tudo aquilo que teria tido em caso de validade do contrato; diversamente, como um interesse na não conclusão do contrato – aqui receberia o que teria tido se a realidade exterior da conclusão do contrato não se tivesse de todo verificado. Alguns exemplos esclarecerão esta diferença que pretendo designar, por razões de síntese, como interesse contratual positivo e negativo".[100]

Justificava Jhering que o interesse do primeiro tipo teria como fundamento a validade do contrato e o do segundo sua invalidade, salien-

---

[98] Op. cit., p. 31.

[99] Op. cit., p. 32.

[100] Op. cit., p. 13.

tando que "só na medida em que o contrato é válido pode o comprador exigir a sua execução, ou, o que é o mesmo, o seu interesse no cumprimento". Os lucros cessantes dependeriam da validade do contrato. Já a "perda positiva" poderia ser indenizada pelo insucesso da relação contratual inválida.[101]

Por tais fundamentos, na teoria de Jhering, a responsabilização pelo ilícito pré-negocial limita-se ao interesse negativo, afinal seria incoerente atribuir à vítima indenização pelos benefícios que o cumprimento de um contrato nulo ou inválido geraria. A força de sua teoria também é verificada nesse aspecto, pois, passados mais de século e meio de sua elaboração, ainda é defendida por diversos autores.

Em linhas sucintas, essas eram as principais ideias de Jhering que despertaram a atenção dos juristas para problemas pouco meditados e de inegável interesse prático. A genialidade do autor, ao antever um problema que tomou conta de diversos sistemas no decorrer do século XX, é inegável.

2.3. A evolução da responsabilidade pré-negocial

O grande mérito da teoria de Jhering é a justificação da ação de indenização por contratos viciados. O apelo à noção de diligência contratual, com sua expansão para a fase pré-negocial, revela-se útil para tutelar a pessoa lesada pela confiança na validade do vínculo. O próprio autor afirma que seu móvel era elaborar uma forma de proteger o credor, nos contratos putativos. Contudo, a teoria de Jhering não se ocupa de outras situações que tomaram conta do recente cotidiano forense.

Sua teoria foi concebida de uma maneira mais restrita da que hoje é exigida pela sociedade. Por tal razão, ao longo do século XX, diversos autores trataram de avançar no estudo do tema, a partir das importantes contribuições de Jhering. Ao lado do dano derivado de contratos nulos, foram reconhecidas outras situações extremamente problemáticas, como a ruptura injustificada de tratativas e a celebração de contratos válidos, cuja utilidade prática não confirmava a realidade projetada nas negociações.

A própria realidade das negociações assumiu outras feições. Especialmente, na seara comercial, observou-se a consolidação de criteriosa série de formalidades e estudos, envidados pelos participantes ainda antes da assunção do vínculo. A prática demonstra que a rigidez da "oferta"

---

[101] Op. cit., p. 17. A expressão "perda positiva" utilizada por Jhering nessa passagem equivale às despesas havidas para a formação do contrato.

Direito dos Contratos   **49**

e da "aceitação" foi substituída pela dinâmica da negociação, que vai evoluindo com a contribuição de todos os interessados. O momento da contratação não é mais estático, com a aquiescência da proposta, mas é rico, constituindo-se o produto eventual dos esforços dos contratantes. Desta forma, termos como "pré-contratos", "lettres d´intention", "contratos de negociação", "due dilligence", "contrat de pourparles", dentre outros, tomaram conta do direito obrigacional, demonstrando novas exigências para a tutela das pessoas.

Ainda que inexistam dados estatísticos quanto ao percentual de negociações que evolui até a celebração do contrato e quantas nem chegam próximas a este momento, o certo é que o número de tratativas encerradas prematuramente é considerável e de modo algum pode ser desconsiderado. Não é equivocado afirmar que a maioria das negociações não é finalizada com a celebração de contratos.

O fenômeno, em si, é natural e lícito, afinal ninguém em linha de princípio estará constrangido a celebrar vínculos contra a própria vontade e, principalmente, após alcançar uma conclusão mais madura quanto à sua utilidade, o que somente é possível mediante os esclarecimentos típicos da fase pré-negocial. Sem a meditação, própria da fase que antecede a formação do contrato, não há como se alcançar o consentimento informado.

Não há como inverter essa lógica: a regra é a da liberdade de negociar e de contratar.[102] Através das tratativas é que são obtidos os dados fundamentais, que eventualmente irão propiciar um consentimento adequado do negócio. Seria, repetimos, extremamente ilógico – contraprodutivo – constranger os negociantes a celebrar contratos pelo simples fato de um dia terem se aproximado. A regra da autonomia privada vale. Apenas quando detectados os abusos – que representam felizmente a exceção – é que entra em cena a responsabilidade pré-contratual.[103]

---

[102] Ao que se saiba, todas as legislações e os projetos de reforma estabelecem a regra da liberdade de negociação. Contudo, também fixam limites, para a proteção do destinatário. Por ilustração, o Projeto Catalá dispõe: "§ 1 – De la négociation Art. 1104. L´initiative, le déroulement et la rupture des pourparlers sont libres, mais ils doivent satisfaire aux exigences de la bonne foi. L´échec d´une négociation ne peut être source de responsabilité que s´il est imputable à la mauvaise foi ou à la faute de l´une des parties. Art. 1104-1 Les parties peuvent, par un accord de principe, s´engager à négocier ultérieurement un contrat dont les éléments sont à déterminer, et à concourir de bonne foi à leur détermination. Art. 1104-2. Le régime des accords destinés à aménager le déroulement ou la rupture des pourparlers, est soumis aux dispositions du présent sous-titre".

[103] É séria a polêmica doutrinal acerca da conveniência da utilização do "abuso do direito" para dirimir os casos envolvendo a responsabilidade pré-contratual. Há autores que preferem o emprego da boa-fé. Outros, recorrem a teoria da confiança. Sobre o tema, remete-se o leitor aos estudos de Jacques Ghestin (*La responsabilité délictuelle pour rupture abusive des pourparlers*) e Manuel Carneiro da Frada (*Teoria da Confiança e Responsabilidade Civil*). As distintas conclusões a que chegam os autores são extremamente interessantes.

Com efeito, objetivando precipuamente verificar e, se possível, maximizar a valia da relação negocial discutida, as tratativas são costumeiramente acompanhadas de discussões, pautadas por consentimentos e dúvidas. Em certas relações comerciais, muitos fatos importantes são reduzidos a termo, através de cartas de intenção, memorandos de entendimentos, punctuações etc. Todo esse ritual tem o escopo o de organizar o panorama obrigacional, protegendo os sujeitos, ao permitir que a negociação evolua harmoniosamente com a certificação de seus passos.

Se as partes, já na fase pré-negocial, manifestam preocupações e imaginam meios para alcançar segurança, é natural que o Direito também chame a si a responsabilidade em ofertar um mínimo de previsibilidade aos interessados, apontando as bases em que poderá desenvolver-se a relação, sem ocasionar danos a qualquer dos sujeitos. A tutela prevista no ordenamento, nesse passo, será destinada a evitar a ocorrência de injusto prejuízo a um dos negociantes, através da imposição de mandamentos de conduta aos próprios participantes, com o fim específico de garantir que as justas expectativas produzidas no outro não restem frustradas em virtude da falta de cautela alheia.

No século XX, a doutrina estrangeira desenvolveu a responsabilidade pré-contratual apelando para a incidência do princípio de probidade e de boa-fé.[104] A partir da constatação de que as partes deveriam se comportar consoante parâmetros de conduta, a doutrina conseguiu livrar-se do estigma de perquirir o dolo, contentando-se com o cotejo entre o comportamento devido e o efetivamente adotado. A solução encontrada responde satisfatoriamente para a maior parte dos litígios. Vejamos como responderam conhecidos autores aos problemas verificados em suas realidades.

Interessantes julgados sobre o tema do princípio da boa-fé objetiva e da responsabilidade pré-contratual são encontrados na Alemanha, local onde, a partir da leitura do § 242 do BGB, doutrina e jurisprudência desenvolveram a ampliação da tutela no contato negocial.[105] Com efeito, a doutrina de Jhering foi consagrada em 07.12.1911, quando da histórica apreciação do caso do linóleo. Naquela oportunidade, a Corte germânica analisou a reclamação de uma senhora que se dirigira até estabelecimen-

---

[104] Salientam Mosset Iturraspe e Piedecasas que "la doctrina ha debatido acerca de si es conveniente y razonable que las 'meras tratativas' originen una responsabilidad precontractual; si es justo y equitativo que quienes se han relacionado y recién se encuentran intercambiando criterios, puntos de vista o necesidades, deban responder por comportamientos 'ligeros', 'abandonos incausados', 'descuidos en el trato' o 'interrupción abrupta' de tales conversaciones. (...) creemos que: a) es jurídicamente conveniente que las relaciones interpersonales, los intercambios, cualesquiera sean, estén iluminados por la buena fe, probidad, lealtad (...)". *Responsabilidad Precontractual*, p. 107.

[105] Parágrafo 242, BGB: "Der Schuldner ist verpflichtet, die Leistung so zu bewirken, wie Treu und Glauben mit Rücksicht auf die Verkehrssitte es erfordern".

Direito dos Contratos

to comercial, a fim de adquirir produtos para sua residência. Já dentro do local de compras, a cliente foi lesionada, em virtude da queda de um tapete que se encontrava em determinada estante. Discutia-se, no caso, a responsabilidade do estabelecimento comercial pela queda do produto e, daí, pelas lesões experimentadas pela senhora que, presumia-se, interessava-se em comprá-lo. Analisando aquele que seria o *leading case* da responsabilidade pré-contratual, a Corte tedesca entendeu que, a despeito de inexistir naquele momento do sinistro um contrato celebrado, das atitudes da cliente e do estabelecimento decorria a lógica conclusão de que se tratava de uma relação preparatória que visava à formação de um contrato, razão pela qual já existiriam deveres recíprocos aos "futuros contratantes", como, por exemplo, o de proteger a vida, o corpo e a propriedade do parceiro. No exemplo trazido, o tribunal reconheceu a violação desses deveres, e a indenização foi julgada devida.[106]

Muito embora assente que não se tratava ainda de um contrato, a Corte tedesca entendeu que, da forma como acontecido o acidente, se endereçavam as partes à conclusão de um negócio jurídico, consubstanciado na compra de um produto pela vítima. A hipótese identificar-se-ia por tudo como uma relação negocial, na qual competia a ambos parceiros zelar pelos direitos do outro. Para embasar a condenação à reparação integral dos danos, o tribunal estendeu os deveres do supermercado, mediante aplicação do princípio da boa-fé objetiva, que impunha a proteção do parceiro, ainda no período anterior à compra.

A decisão transformou-se logo em *leading case*, sendo que se seguiram condenações de empresas em semelhantes situações, em virtude de acidentes com eventuais clientes dentro do estabelecimento mercantil (caso de escorregão com casca de banana ou folha de hortaliça) e, ainda, danos ocasionados por oficina quando do período do orçamento do conserto.[107]

É por força do pensamento de Jhering que o Código Civil alemão (BGB) contemplou, em recente reforma (2001), a introdução de sua teoria, no § 311.[108] Esta responsabilidade pela forma de negociar ou na forma-

---

[106] Antonio Menezes Cordeiro, na obra que é sua tese de doutoramento (*Da Boa-Fé no Direito Civil*, p. 548), apresenta diversos julgados que seguiram o caso do linóleo.

[107] Exemplos estes referidos por Menezes Cordeiro, op. cit., p. 548.

[108] § 311: "Rechtsgeschäftliche und rechtsgeschäftsähnliche Schuldverhältnisse. (1) Zur Begründung eines Schuldverhältnisses durch Rechtsgeschäft sowie zur Änderung des Inhalts eines Schuldverhältnisses ist ein Vertrag zwischen den Beteiligten erforderlich, soweit nicht das Gesetz ein anderes vorschreibt. (2) Ein Schuldverhältnis mit Pflichten nach § 241 Abs. 2 entsteht auch durch 1. die Aufnahme von Vertragsverhandlungen, 2. die Anbahnung eines Vertrags, bei welcher der eine Teil im Hinblick auf eine etwaige rechtsgeschäftliche Beziehung dem anderen Teil die Möglichkeit zur Einwirkung auf seine Rechte, Rechtsgüter und Interessen gewährt oder ihm diese anvertraut, oder 3. ähnliche geschäftliche Kontakte. (3) Ein Schuldverhältnis mit Pflichten nach § 241 Abs. 2 kann auch zu Personen

ção dos contratos ("Verschulden bei Vertragsverschluss") representa a recepção legislativa da semente lançada na obra pioneira de Jhering.

A *culpa in contrahendo* vem sendo admitida com o fito de proteger mutuamente os envolvidos, obrigando-os a zelar pela higidez física e patrimonial do parceiro, além de instar os participantes a esclarecer o *alter* de aspectos importantes referentes ao objeto do negócio e que possam influir em sua vontade (p. ex.: informações inexatas prestadas). Ademais, serve, ainda, a teoria da *culpa in contrahendo* para coibir a atitude desleal de um negociante que, sem maiores explicações, abandona as tratativas ou determina, por atitude reprovável, a nulidade do contrato entabulado. Alguns desses deveres, como já referido, permeiam todo o *iter negotii*, podendo perdurar em outras fases.[109]

O dever de esclarecimento, derivado da boa-fé objetiva, também é alvo de frequentes pronúncias dos tribunais germânicos, principalmente no relacionamento havido entre médico e paciente. Entende-se que aquele, antes de proceder a qualquer intervenção ou mesmo receitar, deva esclarecer detalhadamente os efeitos que determinado ato poderá ensejar, permitindo que, em circunstâncias normais, o paciente consinta com o meio eleito. É o caso da senhora que, em face do aparecimento de abscesso em seu peito, se submete à mastectomia, fato que implica severos efeitos colaterais, que poderiam ser evitados mediante eleição de terapia diversa. Imaginando tratar-se de câncer, o especialista decidiu, como de praxe, operar a paciente, dando-lhe conhecimento do problema. Todavia, deixou de informar quais os possíveis efeitos colaterais decorrentes da intervenção cirúrgica. Nesta, é realizada a mastectomia total do seio atingido, fato que, ademais de ocasionar natural dano estético, implica a perda da mobilidade normal do membro superior. Mesmo tendo seguido todo

---

entstehen, die nicht selbst Vertragspartei werden sollen. Ein solches Schuldverhältnis entsteht insbesondere, wenn der Dritte in besonderem Maße Vertrauen für sich in Anspruch nimmt und dadurch die Vertragsverhandlungen oder den Vertragsschluss erheblich beeinflusst".

[109] Refere o professor Ruy Rosado de Aguiar Júnior que: "antes do contrato, podem surgir vinculações derivadas de um simples 'contato social', dirigidas à celebração de um futuro negócio jurídico (tratativas; responsabilidade pré-contratual; culpa in contrahendo), ou independente de qualquer convenção posterior (como no transporte de cortesia). Durante as tratativas preliminares, o princípio da boa-fé é fonte de deveres de esclarecimento, situação que surge seguidamente quando uma das partes dispõe de superioridade de informações ou de conhecimentos técnicos, que devem ser repassados amplamente e de forma compreensível à contraparte, para que esta possa decidir-se com suficiente conhecimento de causa. A falta de esclarecimentos, que não tenha gravidade para deslocar a questão para o âmbito da invalidade, por vício de vontade, pode ensejar a aplicação do princípio da boa-fé, seja para exclusão de cláusulas ou reconhecimento de deveres. Também surgem, nas tratativas, deveres de lealdade, decorrentes da simples aproximação pré-contratual. Assim, a censura feita a quem abandona inesperadamente as negociações já em adiantado estágio, depois de criar na outra parte a expectativa da celebração de um contrato para o qual se preparou e efetuou despesas, ou em função do qual perdeu outras oportunidades. A violação a esse dever secundário pode ensejar indenização, por existir uma relação obrigacional, independente de contrato e fundada na boa-fé". (In: *Extinção do Contrato...*, p. 244-5)

Direito dos Contratos

53

o procedimento de praxe, sendo a cirurgia concluída com êxito, o tribunal alemão entendeu que houvera violação ao dever de informar. A paciente tinha o direito de saber, de antemão, as consequências que uma intervenção cirúrgica poderia lhe ocasionar, sendo devida uma indenização.[110]

No direito italiano, avulta o art. 1.337 do "Codice Civile" como norma base para a resolução dos problemas práticos de responsabilidade pré-negocial. Reza a norma que "as partes no desenvolvimento das tratativas e da formação do contrato devem comportar-se segundo a boa-fé".[111] Sublinha Enzo Roppo que as pessoas envolvidas em tratativas possuem interesse legítimo que essas venham conduzidas de modo leal e sério. O interesse na seriedade e na lealdade é protegido pelo art. 1.337, com a imposição do dever de boa-fé, que é entendida no seu sentido objetivo como regra de conduta.[112]

Dentre os deveres que brotam da boa-fé, Enzo Roppo destaca o de informação, clareza, segredo e custódia, salientando que outras normas auxiliam a resolução de problemas específicos de violação desses deveres em relações contratuais específicas. Assinala o professor que o art. 1.337 almeja prevenir três situações danosas: (a) a não conclusão de contrato; (b) a conclusão de um contrato inválido e (c) a conclusão de um contrato válido, mas que ocasiona sério prejuízo à vítima em face de "scorrettezza" do par durante a fase anterior à sua formação.

Enzo Roppo, com tais projeções da tutela negocial, amplia sensivelmente o espectro da teoria de Jhering, apontando de forma didática duas outras situações correntes que mereceriam igual atenção dos operadores.

A posição de Cesare Massimo Bianca é próxima. Segundo o autor, a boa-fé derivaria do princípio da solidariedade contratual. Sua função primordial seria impor um comportamento leal e atencioso com as expectativas legítimas alheias. Exigir-se-ia uma atuação proba, nos limites de um "apprezabile sacrificio". Dentro dessas premissas, o contraente conservaria o poder de revogar a própria proposta ou a aceitação enquanto o contrato não for concluído e o exercício de tal poder não constituiria por si só uma violação a um dever de comportamento. A responsabilidade do sujeito deriva justamente do haver, dolosa ou culposamente, induzido o parceiro a confiar – razoavelmente – na conclusão do contrato perfeito.[113]

---

[110] Menezes Cordeiro. In: *Da Boa-Fé no Direito Civil*, p. 605.

[111] No original, art. 1.337: "Le parti, nello svolgimento delle trattative e nella formazione del contratto, devono comportarsi secondo buona fede".

[112] *Il Contratto*, p. 175.

[113] *Diritto Civile. 3. Il Contratto*, p. 167-8.

Igualmente, autores portugueses vinculam a responsabilidade pré-negocial ao princípio da boa-fé, positivado no art. 227º do Código Lusitano: "quem negoceia com outrem para conclusão de um contrato deve, tanto nos preliminares como na formação dele, proceder segundo as regras da boa-fé, sob pena de responder pelos danos que culposamente causar à outra parte".

A partir dessa redação, pondera Mário Júlio de Almeida Costa, que o Direito sujeita, sob o império expresso desse princípio, os "três ciclos fulcrais do processo contratual: sua formação, a subseqüente integração e, ainda, a respectiva execução, quer dizer, o exercício dos direitos e o cumprimento das obrigações que dele derivam".[114]

Prossegue o ilustre professor apresentando exemplos da projeção da boa-fé na fase pré-contratual: "apontam-se aos negociadores certos deveres recíprocos, como, por exemplo, o de comunicar à outra parte a causa de invalidade do negócio, o de não adoptar uma posição de reticência perante o erro em que esta lavre, abster de propostas de contratos nulos por impossibilidade do objeto, e, ao lado de tais deveres, ainda, em determinados casos, o de contratar ou prosseguir as negociações iniciadas com vista à celebração de um acto jurídico. Através da responsabilidade contratual pré-contratual tutela-se directamente a confiança fundada de cada uma das partes em que a outra conduza as negociações segundo a boa-fé; e, por conseguinte, as expectativas legítimas que a mesma lhe crie, não só quanto à validade e eficácia do negócio, mas também quanto à sua futura celebração. Convirá salientar, todavia, que o alicerce teleológico desta disciplina ultrapassa a mera consideração dos interesses particulares em causa. Avulta, com especial evidência, a preocupação de defesa dos valores sociais de segurança e da facilidade do comércio jurídico".[115]

João de Matos Antunes Varela, com apoio na mesma norma, salienta que a responsabilidade das partes "não se circunscreve – muito longe disso – como sucedia com a tradicional culpa in contrahendo, à cobertura dos danos culposamente causados à contra parte pela invalidação do negócio. A responsabilidade pré-contratual, com a amplitude que lhe dá a redação do artigo 227º, abrange os danos provenientes da violação de todos os deveres (secundários) de informação, de esclarecimento e de lealdade em que se desdobra o amplo espectro negocial da boa-fé".[116]

---

[114] *Direito das Obrigações*, p. 263.

[115] *Direito das Obrigações*. Coimbra: Almedina, p. 266-7.

[116] *Das Obrigações em Geral*, p. 270.

Direito dos Contratos

De toda sorte, observa-se que as doutrinas majoritárias italiana e portuguesa, à semelhança das premissas expostas por Jhering, sublinham a culpa (ou a ausência de diligência) como pressuposto indenizatório.[117]

O próximo tópico analisará o estágio atual do direito brasileiro sobre o tema.

2.4. A responsabilidade pré-negocial no Direito brasileiro

No direito brasileiro, os deveres pré-negociais passam a ser debatidos especialmente com a edição do Código Civil de 2002, cujas normas servem de âncora para a construção doutrinária e jurisprudencial de uma tutela negocial equilibrada. É assegurada a liberdade de contratar. Essa é a regra geral, o inverso, a exceção.[118]

A apuração do dever de indenizar no limiar da relação negocial passa necessariamente pela análise do art. 422, o qual impõe aos contratantes, até a conclusão do contrato, comportamento probo e com atenção à boa-fé. Embora omissa a lei quanto à incidência da boa-fé ao período que antecede a formação do contrato, a doutrina e a jurisprudência não discutem a incidência do princípio na fase de tratativas.[119]

Segundo a interpretação majoritária da doutrina brasileira, cuja posição atual deve-se ao mérito da obra da professora Judith Martins-Costa, entende-se que a boa-fé é objetiva e, portanto, prescinde do *animus nocendi* do agente. A aferição da licitude ocorre pela comparação entre a conduta adotada e o comportamento razoavelmente esperada.[120]

---

[117] Interessante tese de Manuel Antonio Carneiro da Frada pretende demonstrar que, em verdade, a responsabilidade pela quebra de confiança não poderia ser catalogada no campo da responsabilidade aquiliana e tampouco na da contratual. Tratar-se-ia de um terceiro gênero, situado no "espaço das responsabilidades intermédias", uma vez que "sulcado por trilhos dogmáticos diferenciados". Em face dos limites do presente estudo, não nos filiaremos por ora nessa corrente inovadora, embora registrando o mérito dessa construção. O presente ensaio defende que algumas das hipóteses de ilícito pré-contratual são resolvidos pelo pensamento aquiliano. Outras, em número menor, pelo império da responsabilidade contratual. Toda classificação tem algo de arbitrário, o que em nosso sentir não impede o aproveitamento das conquistas da responsabilidade delitual pela contratual, ou vice-versa. Ao leitor interessado recomenda-se a leitura: "Teoria da Confiança e Responsabilidade Civil". Coimbra: Almedina, 2007.

[118] Assim se pronuncia Geneviéve Viney: "Il est évident que le seul fait d'engager des pourparles en vue de la conclusion d'un contrat ne condamne pas les partenaires à aboutir. Jusqu'à la rencontre définitive des volontés sur un objet déterminé, chacun demeure, en principe, libre de se retirer sans engager as responsabilité. Toutefois, cette liberté n'est pas absolue, elle est assortie de limites qui sont éventuellement sactionnées par la responsabilité." (In *Traité...*, p. 357-8).

[119] Houve, inclusive, enunciado aprovado na Jornada de Direito Civil organizada pela Justiça Federal. Enunciado n. 25: "o art. 422 do Código Civil não inviabiliza a aplicação pelo julgador do princípio da boa-fé nas fases pré-contratual e pós-contratual".

[120] Igualmente aqui foi aprovado o enunciado n. 24: "em virtude do princípio da boa-fé, positivado no art. 422 do novo Código Civil, a violação dos deveres anexos constitui uma espécie de inadimplemento, independente de culpa".

A incidência da boa-fé, ao longo do processo obrigacional, enriquece o vínculo, com a criação de deveres anexos que irão proteger os parceiros de danos. Por decorrência, todos os deveres tradicionalmente ligados à boa-fé, tais como informação, esclarecimento, proteção, sigilo, estão indiretamente albergados no Código Civil.

Essa projeção da boa-fé objetiva irá permitir que o direito brasileiro tutele as três situações clássicas de responsabilidade pré-contratual: (a) a celebração censurável de contratos inválidos; (b) o rompimento injustificado de tratativas e (c) a quebra de deveres fiduciários na fase de negociação. A regra geral de que todos são livres para contratar é harmonizada com a tutela de ambos os parceiros, que também se realiza com sua proteção na fase pré-contratual.

Com razão, a boa-fé impõe um comportamento ativo diante da iminência de dano ao parceiro. A postura de inação frente ao prejuízo alheio cede lugar, exigindo-se que as partes meditem sobre as consequências de suas ações e omissões. A doutrina contemporânea reconhece o dever do próprio lesado mitigar seus próprios danos (*duty to mitigate the losses*).[121]

O papel do silêncio é emblemático, pois da mesma forma que pode refletir o exercício da liberdade de cada pessoa, pode também servir para a formação de representações errôneas. Em linha de princípio, cada sujeito é plenamente responsável por suas ações, porém, em alguma medida, os negociantes devem transmitir as informações necessárias para um consentimento esclarecido.[122] No Código de 2002, o silêncio autoriza inclusive a formação de contratos. Com efeito, o art. 111, disciplinando a relevância jurídica do silêncio, enquanto comportamento concludente, admite que ele possa significar anuência, quando as circunstâncias ou os usos o autorizarem, e não for necessária a declaração de vontade expressa. É um sinal inequívoco de que o legislador objetivou impor a ambos contraentes o dever de manifestar com razoável margem de segurança sua vontade, impedindo que qualquer das partes se valha do silêncio para induzir a outra a assumir determinado comportamento. Em estudo específico sobre o valor do silêncio no Código, a professora Véra Maria Jacob de Fradera identifica uma "nítida influência dos temos do Código de Obrigações suíço", quando em seu art. 6º afirma que "quando o autor da oferta não deveria, em razão da natureza especial do negócio ou das circunstâncias, esperar

---

[121] Pode o credor ser instado a diminuir o próprio prejuízo? *Revista Trimestral de Direito Civil.* v. 19, p. 109. Rio de Janeiro, jul./set., 2004.

[122] Exemplificativamente: o vendedor não precisará informar o valor de mercado de um carro, pois isto é o básico. Entretanto, caso o automóvel tenha tido algum vício que possa comprometer alguma qualidade e influencie no preço, é fundamental que tal informação seja prestada.

Direito dos Contratos **57**

uma aceitação expressa, o contrato é reputado concluído se a oferta não foi recusada em dentro de um prazo adequado".[123]

Sobre o histórico debate acerca da divisão entre responsabilidade aquiliana e contratual, parece que existem condições de aproveitar ambas as modalidades na resolução dos litígios.

Haverá casos em que a responsabilidade deverá pautar-se pela "vontade", quando existente uma prova suficiente de que houve um consenso parcial (o indigitado pré-contrato, memorial de entendimentos, documentos firmados prevejam obrigações, etc.). Noutras hipóteses, quando inexistir acordo expresso sobre o modo como deveriam ser levadas as negociações, fatalmente a responsabilidade será delitual e a análise seguirá os parâmetros gerais da ilicitude civil. Está é a nossa posição. Valorizam-se, assim, as duas grandes fontes da responsabilidade: vontade e destino.[124]

Por conseguinte, quando existente um prévio acordo de vontade, gerador de obrigações (caso dos pré-contratos — que rigorosamente negócios bilaterais são), esse deverá ser a fonte principal para a verificação do dever de indenizar.[125] A responsabilidade contratual poderá, ainda, ser observada na ruptura dos acordos preliminares, nos quais, durante o longo *iter negotii,* as partes, por sua vontade, criam deveres e condições a serem observadas. Se descumprido um desses mandamentos, terá lugar a responsabilização do ofensor, mediante o simples cotejo entre a anterior previsão e o posterior descumprimento. Aquele que se obriga a não negociar simultaneamente com terceiros, ou arcar com os custos de determinadas diligências, assume um compromisso de nítido caráter contratual, pois já houve o encontro parcial de vontades.

Todavia, é provável que, na grande maioria dos casos, a falta imputada ao devedor em nada infrinja um termo preestabelecido (mesmo porque este pode inexistir), sendo mister, nesse particular, a investigação dos elementos ensejadores da responsabilidade delitual, que irá abranger

---

[123] O Valor do Silêncio no Novo Código Civil. *Revista Jurídica Empresarial,* v. 2, p. 138

[124] Mosset Iturraspe e Piedecasas reconhecem que a ação se embasa não apenas na culpa: "Deben configurarse los presupuestos básicos para que proceda la acción de responsabilidad civil. En una primera observación debe existir un actuar contrario a la buena fe, o un actuar culposo o doloso, o un actuar con abuso del derecho, o la violación de algún deber específico que las partes hayan asumido o surja de la ley". *Responsabilidad Précontractual,* p. 311.

[125] Acerta o Professor Éderson Garin Porto quando destaca que "não há que se falar, pois em dano pré-contratual nas modalidades de pré-contrato, contrato promessa ou contrato preliminar, visto que nessas hipóteses há um negócio jurídico bilateral vinculando as partes, de modo que qualquer espécie de prejuízo daí proveniente será considerado contratual. Apesar da expressão pré-contrato remeter a uma fase anterior ao contrato definitivo, os direitos e deveres emanados desta avença devem ser analisados sob a perspectiva de um contrato como se definitivo fosse, muito embora este acordo remeta para a celebração de um novo pacto". In *Interesses indenizáveis e crise na relação contratual,* p. 134.

o debate quanto ao comportamento devido, a violação dos deveres de conduta correntes no tráfego, dentre outros aspectos.[126]

Não se deve olvidar do valioso sistema de ilicitude civil inaugurado na parte geral do Código de 2002. Ao lado da ilicitude subjetiva, pautada pela culpa, está prevista a ilicitude objetiva, a prescindir do histórico elemento.[127] Conforme o art. 187, "também comete ato ilícito o titular de um direito que, ao exercê-lo, excede manifestamente os limites impostos pelo seu fim econômico ou social, pela boa-fé ou pelos bons costumes".

A leitura da norma irá permitir que o Direito brasileiro incorpore outras fontes, como os usos e costumes do mercado e os Códigos Deontológicos. Estes últimos serão especialmente utilizados para regular os litígios envolvendo profissionais e servirão de parâmetro para a aferição do cumprimento dos deveres decorrentes de um exercício razoável do ofício.

Nesse panorama, para que reste configurada a responsabilidade civil, e aqui mais especificamente a responsabilidade pré-negocial, mister encontrem-se presentes todos os requisitos traçados pela cláusula geral, a saber: a relação de causalidade entre a ação ou omissão ilícita de alguém, o prejuízo experimentado por outrem e, eventualmente, a culpa. Sem a coloração de todos os elementos, não soa legal ou razoável a responsabilização do agente no exercício de suas liberdades civis.

Um passeio pela jurisprudência nacional demonstra a existência de interessantes precedentes.

Sobre as tratativas abruptamente encerradas, o Tribunal de Justiça do Paraná teve a oportunidade de julgar caso em que, após dois anos de investimento e preparação para a celebração de um contrato, um dos negociantes desistira do negócio.[128] A Relatora, Dra. Rosana Fachin, sintetizou a solução nesses termos: "a empresa X preparava-se para executar o projeto da instalação do Centro de Distribuição e para o desenvolvimento

---

[126] Nessa linha, anota a Professora Geneviève Viney que esse é o caminho traçado pela atual jurisprudência francesa, como se vê desse excerto: "Quant à la jurisprudence, elle a opté, en principe, comme la doctrine majoritaire, pour la responsabilité délictuelle. Cependant les tribunaux font également parfois place au régime contractuel, en particulier lorsqu´ils constatent l´existence d´un contrat préliminaire. Il existe, en realité, deux causes principales et assez différentes de responsabilité pré-contractuelle: la rupture fautive des négociations et la malformation du contrat." (In: *Traité de Droit Civil*, Introduction à la responsabilité).

[127] Sobre o "novo" conceito de ilicitude civil, são valiosas as observações de Judith Martins-Costa. Breves anotações acerca do conceito de ilicitude no novo Código Civil. Disponível em <www.intelligentiajuridica.com.br>. Acesso em 12.05.2008.

[128] Constou na ementa: "A violação do dever de agir segundo os ditames da boa-fé objetiva pode ensejar a responsabilização da parte, mesmo em se tratando de tratativas preliminares à realização do contrato, se esta, injustificadamente, abandona as negociações de maneira leviana, causando severos prejuízos à outra entabulante, que tinha legítima expectativa em contratar." (AC 537.211-0, 10ª Vara Cível, Rel. Desa. Rosana Amara Girardi Fachin, j. 23.04.2009).

Direito dos Contratos

59

das atividades de logística dentro do local, realizando investimentos sob o comando da empresa Y, que durante todo o período das tratativas comportou-se de forma a incutir na Autora a certeza de que o contrato seria firmado, eis que todas as suas exigências estavam sendo rigorosamente cumpridas pela Requerente, e as negociações para a contratação definitiva transcorreram normalmente até meados do ano de 2004. Portanto, a Autora tinha a legítima expectativa de que iria contratar com a Requerida Y, e por essa razão fazia vultosas despesas, a fim de atender aos interesses da mesma (...) Em suma, a empresa Y, ao levar a Autora a crer na contratação definitiva para o desempenho dos serviços de logística da Requerida, e ao abandonar as tratativas de modo inesperado e imotivado, revela a sua conduta desleal na condução das negociações preliminares ao contrato principal. Mormente em se considerando a circunstância inequívoca de que a Requerida não comunicou formalmente à Autora acerca da desistência da utilização de seus serviços, optando por contratar outra empresa para a implantação do Centro de Distribuição quando ainda não havia encerrado as tratativas junto à Requerente, deixando-a suportar todos os prejuízos advindos do contrato não realizado. Logo, a conclusão é a de que houve violação ao princípio da boa-fé objetiva, devendo a empresa Y responder pelas perdas e danos ocasionados na fase pré-contratual".

Como se observa, não é o fato da desistência em si que é censurado, mas a forma como se exerce essa prerrogativa oferecida pelo ordenamento. A noção de ilicitude não decorre da desistência por si só, mas do seu cotejo com o contexto em que foi praticada e dos efeitos gerados ao destinatário.

Outra situação presente na jurisprudência ocorre na área securitária, com os sinistros ocorridos entre a aceitação da proposta e a confecção da apólice. O Tribunal de Justiça do Estado de São Paulo apreciou litígio em que a seguradora remetera proposta de seguro automóvel, em 16.10.2007, com período de vigência de 16.10.2007 a 16.10.2008 (fls. 22/23). O segurado, manifestando inequivocamente sua aceitação, efetuou o pagamento da primeira parcela em 19.10.2007. No dia 25.10.2007, ocorre um acidente, que é comunicado à Seguradora. Esta, em 01.11.2007, recusa a própria proposta, "sem, no entanto, apresentar qualquer justificativa, procedendo o estorno da parcela do prêmio no dia 08/11/2007". A Corte considerou que "todos os atos praticados pela seguradora tais como, apresentação de proposta, com início de vigência de cobertura para aquela mesma data e, recebimento do prêmio, indicam sua nítida intenção de contratar. Evidente a falta de informação expressa, por escrito, sobre a inexistência de cobertura durante o período em que a proposta seria analisada, já que, consta como início de vigência a data constante da proposta".[129]

---

[129] 33ª C.C., AC 1231388-0, Rel. Des. Sá Moreira de Oliveira, j. 04.05.2009.

Em outro caso interessante, empresa organiza seleção para preenchimento de seu quadro de pessoal.[130] Contudo, no curso do procedimento admissional, constata-se a inexistência de vaga. O relator assim se pronunciou: "acena-se com oferta de vaga que, na realidade, não existe. Encaminha-se o candidato para uma cooperativa de trabalho, sob o argumento de que é a forma jurídica para a contratação para a tão desejada oportunidade de emprego. O candidato torna-se associado, e, então, descobre que não existe vaga real, mas apenas a possibilidade de uma futura e eventual chamada na qualidade de cooperativado" (...)" A própria credencial fornecida à autora, que instrui a inicial, cria a falsa imagem de que já está contratada como recepcionista. Não se vê razão lógica para alguém que simplesmente se associa a uma cooperativa de trabalho receba um crachá de recepcionista, quando, na verdade, inexiste promessa concreta de emprego. Houve nítida violação aos deveres de cuidado e informação, que orientam as tratativas negociais".

O voto faz menção à doutrina de Sérgio Cavalieri Filho, salientando que não é propriamente o inadimplemento que é censurado na hipótese, mas sim a infração aos deveres anexos da boa-fé, que devem pautar o relacionamento entre as pessoas.[131]

Admitida a possibilidade de caracterização do dever de indenizar por infrações pré-negociais no direito brasileiro, resta, porém, tormentoso o problema de quantificar os danos delas derivados. Afinal, qual o justo alcance da indenização?

2.5. Alcance da indenização: interesse negativo e positivo?

Se, por um lado, existe relativo consenso acerca da exclusão da tutela específica como consequência de ilícito pré-negocial, por outro, não se

---

[130] Íntegra da ementa: "Indenização. Dano moral. Responsabilidade pré-contratual. Culpa *in contrahendo*. Associação à cooperativa de trabalho para obtenção de vaga de emprego – Conduta de empresa terceirizada ou coligada que despertou na autora a justa expectativa de que já havia a vaga disponível e a associação era apenas de viabilizar a contratação. Princípio da boa-fé objetiva,geradora de deveres de conduta, de modo a não defraudar a confiança despertada na parte contrária. Dever de indenizar gastos com abertura de firma como autônoma, atestados e mensalidades exigidas para ingresso na cooperativa. Existência de dano moral indenizável Caracterização de ofensa a interesse digno de tutela. Ação improcedente. Recurso provido." (AC 489.046 4/1-00, 4ª. C.C., Rel. Des. Francisco Loureiro, j. 27.09.2004).

[131] Sérgio Cavalieri Filho leciona que "o Direito atual exige das partes, mesmo nessa fase pré-contratual, postura séria, leal, sincera – enfim, afinada com o princípio da boa-fé objetiva. O rompimento leviano e desleal das tratativas pode ensejar a obrigação de indenizar, não por inadimplemento posto que ainda não há contrato, mas pela quebra da confiança, pelo descumprimento dos deveres de lealdade, de transparência, de informação, de cooperação, que regem todos os atos negociais, mesmo os decorrentes de contato social. É o que se tem chamado de *responsabilidade pré-contratual*". *Programa de Responsabilidade Civil*. 7. ed. São Paulo, Atlas, p. 275-276.

Direito dos Contratos

61

pode afirmar que navegue em águas calmas a doutrina quanto à delimitação dos interesses indenizáveis.

Com efeito, em sede de responsabilidade pré-negocial, vige o princípio da liberdade de contratar, de modo que, por mais censurável que tenha sido o comportamento da pessoa ao romper as tratativas, o corolário lógico é a via indenizatória, e não a pretensão formadora do contrato. Como bem coloca João de Matos Antunes Varela, "embora uma das vertentes da boa-fé abranja, sem dúvida, a cobertura das legítimas expectativas criadas no espírito da outra parte, o artigo 227° não aponta deliberadamente para a execução específica do contrato, no caso de a conduta ilícita da parte ter consistido na frustração inesperada da conclusão do contrato. A lei respeita assim até o derradeiro momento da conclusão do contrato (art. 232°), salvo se houver contrato-promessa (art. 830°), um valor fundamental, transcendente, do direito dos contratos: a liberdade de contratar".[132]

Portanto, a questão que se apresenta é fixar os limites da indenização. Se ela deve abranger os danos havidos em face da crença na celebração do contrato ou se ela englobaria, também, a expectativa de lucro que o relacionamento lhe traria. Indenizar aquilo que razoavelmente se deixou de lucrar ou somente os prejuízos?

Seguindo a orientação de Rudolf von Jhering, Galvão Teles considera que "o lesado tem direito à indemnização dos danos negativos, ou seja, os danos que não teria sofrido se não entrasse em negociações ou não celebrasse o contrato nulo ou anulável".[133] Essa doutrina é secundada pela orientação majoritária do Superior Tribunal Administrativo português: "a responsabilidade civil por lesão da confiança é restrita à reparação do interesse contratual negativo, ou da confiança, isto é, do prejuízo resultante da frustração das expectativas de conclusão do negócio, estando excluída a reparação do interesse positivo, ou seja pelo benefício que a conclusão do negócio traria à parte prejudicada nas suas expectativas".[134]

Sobre o tema, a Corte citada registra valioso precedente. Tratava-se da demanda em que o contratante reclamava indenização, uma vez que a condição suspensiva entabulada no contrato não fora verificada por fatos imputáveis ao réu, de modo que, passados anos da celebração do contrato, nenhum efeito surtira. Constatada a efetiva responsabilidade do réu pela não verificação da condição suspensiva, a Corte concluiu que, não tendo o contrato produzido efeitos, em face de sua ineficácia, a questão

---

[132] *Das Obrigações em Geral*, v. I. 10. ed. Coimbra: Almedina, 2000, p.270.

[133] *Obrigações*. 3ª ed., p. 58. Esta e as demais referências portuguesas foram tiradas do acórdão abaixo analisado.

[134] Ac. de 31-5-2001, Rec. 46919.

deveria ser tratada à luz dos princípios da responsabilidade pré-contratual.[135]

Quanto à quantificação dos danos, a decisão considerou reparável apenas o interesse negativo. Apoiou sua argumentação em lições de Antunes Varela e Pires de Lima, os quais admitem, em linha de princípio, que "... a responsabilidade em que incorre o faltoso obrigá-lo-á em regra a indemnizar o interesse negativo (ou de confiança) da outra parte, por modo a colocar esta na situação em que ela se encontraria, se o negócio se não tivesse efectuado". O objetivo da tutela da responsabilidade pré-contratual seria a confiança ou os danos que o lesado "não teria sofrido se não tivesse confiado na realização do contrato".

A decisão aponta precedente do Supremo Tribunal de Justiça, no sentido de que "quem agir de má-fé no âmbito dos preliminares do contrato sujeita-se a indemnizar a contraparte pelo interesse contratual negativo, ou seja, a reparar os danos que aquela não teria sofrido se não fosse a expectativa na conclusão do negócio frustrado ou da vantagem que teria obtido se aquela expectativa se não tivesse gorado" e acrescente que a expressão "vantagem que teria obtido se aquela expectativa se não tivesse gorado" "refere-se aos lucros cessantes (perda da vantagem) decorrentes da não celebração do contrato".

No caso concreto, o julgador considerou que seria fundamental analisar se a falta do contratante privara, por si só, o lucro do seu parceiro. E a partir desse raciocínio, tentou extrair um critério para o alcance da indenização: "quando o facto lesivo redunde na não celebração do contrato é este o facto principalmente determinante na conformação do dano. Nestes casos, em que o contrato *não chega a ser celebrado* (ou não é válido, ou não é eficaz) o lesado continua a poder celebrar outros contratos, com a sua capacidade negocial apta a obter o lucro que obteria com a celebração do negócio frustrado. A detenção da capacidade de obter o lucro (noutros negócios) é que determina, em termos de razoabilidade e justiça, que – em regra – *o dano negativo não compreenda o 'lucro esperado'* naquele contrato. Na verdade, na esfera jurídica do lesado com a não celebração do contrato e sem a afectação dos meios necessários ao seu cumprimento, permaneceu a capacidade de ganho inalterada, sem ter corrido quaisquer riscos".

---

[135] Processo nº 1527/02, 23.09.2003, Rel. Antônio São Pedro. A ementa do julgado ficou assim redigida: "I – Se um contrato nunca entrou em vigor, por se não ter verificado uma condição suspensiva de toda a sua eficácia, a parte a quem a não verificação da condição for imputável tem obrigação de indemnizar o outro contraente. II – Este contraente tem direito a ser indemnizado pelos danos resultantes, não do incumprimento, mas da ineficácia do contrato, ou seja, os danos emergentes da responsabilidade pré-contratual. III – Na responsabilidade pré-contratual, o lesado tem direito a ser indemnizado apenas pelos danos negativos (dano da confiança), isto é, pelos danos que não teria se não tivesse celebrado o contrato, não se incluindo, na medida do dano ressarcível, o lucro esperado com o cumprimento do contrato".

Direito dos Contratos

E com base nessas premissas, concluiu: "daí que seja admissível a tese que imponha a obrigação de indemnizar os lucros cessantes positivos (lucro esperado com a realização do negócio, ou a execução do contrato) apenas quando o motivo gerador da ineficácia, ou da invalidade, seja um motivo *transponível*, e, apesar disso, a parte inadimplente o não remove".

No caso em análise, a Corte arrematou que "a falta de visto do Tribunal de Contas e a impossibilidade de obter tornaram intransponível o obstáculo à eficácia do contrato", de modo que "a confiança legítima e merecedora de tutela não compreendia assim a possibilidade de realização do contrato, e, portanto de obter o lucro esperado com tal execução". De mais a mais, "a autora teve, de resto, a possibilidade, como todos os demais, de concorrer a novo concurso público para adjudicação da mesma obra, não perdendo assim essa oportunidade de negócio. Também não existem, neste caso, razões para penalizar o réu, uma vez que mesmo que este quisesse afastar o obstáculo gerador da ineficácia do contrato não o poderia fazer. No presente caso, a autora não ficou impossibilitada de concorrer a outras obras públicas (concorreu, de resto, à empreitada para a mesma obra), não suportou o risco, cujo lucro esperado era contrapartida, e ficou com disponibilidade para trabalhar durante o prazo da realização do contrato ineficaz. É, portanto, razoável que seja apenas ressarcida com os gastos com a preparação do concurso público e despesas posteriores tendentes à realização do contrato e à preparação da obra. Assim, o dever de indemnizar, face ao exposto, apenas cobre os danos negativos (...)".

O critério proposto pela decisão do tribunal português oferece boa resposta para a maioria dos casos. Parte da regra geral, pela qual o interesse tutelado pela responsabilidade pré-contratual é o negativo. Mas assegura, em circunstâncias especiais a reparação do dano positivo, quando a falta do contratante impede o outro parceiro de alcançar o resultado útil do contrato frustrado por outros meios. Já Jhering admitia que, em algumas hipóteses, o dano negativo alcançaria o valor do benefício gerado pelo contrato frustrado.

Nesse sentido, em que pese o inconveniente do risco de findarmos em um criticável decisionismo judicial, é fora de dúvida que o ineditismo do evento deve ser analisado com muita atenção. Procurando amoldar o arcabouço normativo às particularidades de cada caso concreto, para alcançar uma decisão mais justa, Menezes Cordeiro sustenta a ideia de ponderação do "círculo do investimento da confiança". Tanto mais fundado o 'investimento da confiança', quanto a indenização devida ("tratando-se da confiança, teremos de ver o âmbito desta, designadamente ponderando o círculo do investimento da confiança. Se por via da confiança suscitada, uma parte perdeu uma ocasião de negócio, a indemnização deve abranger o interesse positivo").[136]

Na mesma linha, a lição do próprio Antunes Varela, comentando acórdão do Supremo Tribunal de Justiça de 29.01.1973: "tal como na responsabilidade contratual e extracontratual, também na responsabilidade pré-negocial os danos indemnizáveis variam consoante as circunstâncias de cada caso. A indemnização terá sempre como objectivo, quer num quer noutro domínio colocar o lesado na situação patrimonial em que ele se encontraria se não fora o facto ilícito praticado". A posição de Angelo Luminoso é semelhante, quando considera que o gênero responsabilidade pré-contratual açambarca diversas espécies de natureza distinta, permitindo a violação de interesses negativos e mesmo positivos, dependendo do caso concreto.[137]

Por um lado, o apelo à "justiça do caso concreto" pode oferecer insegurança às pessoas, pois, dependendo do julgador e da ausência de critérios objetivos para guiar essa aferição, não há qualquer garantia de trato isonômico às realidades próximas.

A premissa que admite apenas a indenização pelo chamado interesse negativo serve para dar boa solução à maioria dos casos. E é ela que está mais afinada com a tutela da liberdade negocial. Contudo, nas hipóteses excepcionais em que a vítima conseguir demonstrar judicialmente a perda de outro negócio, em razão daquele contrato frustrado, admissível será que a condenação englobe também o "interesse positivo".[138]

Ou seja, competirá à vítima que postula indenização pelo interesse no cumprimento do contrato frustrado pelo ilícito pré-contratual comprovar judicialmente a existência de outra relação obrigacional prejudicada, em face daquele ilícito. Nessas situações, o sistema autoriza a outorga dos valores que razoavelmente a pessoa poderia ganhar com uma relação comercial sadia.

---

[136] *Tratado de Direito Civil*, I Parte Geral, 1999, p. 346.

[137] Conclui: "la cosidetta responsabilità precontrattuale non sembra costituire una vera e propria categoria giuridica, e, in ogni caso, non concreta un istituto funzionale omogeneo, ma un ampio 'contenitore' che ricomprende, al suo interno, figura assai diverse tra loro di illeciti, ora costituenti violazione di un obbligo di buona fede (art. 1337 c.c.) ora realizzanti un fatto aquiliano (ex art. 2043 c.c.) ora nascenti dall'inadempimento di un contratto (art. 1218, c.c.). Illeciti che, nei singoli casi, determinano la lesione di un interesse contrattuale negativo o di un interesse contratuale positivo, nei quali l'único elemento comune ed unificante è dato da una modalità cronologica del comportamento lesivo, nel senso che questo viene posto in essere, per l'appunto, nella fase delle trattative o della formazione di un contratto". Luminoso, Angelo. *La lesione dell'interesse contrattuale negativo (e dell'interesse positivo) nella responsabilitá civile*, p. 803.

[138] Semelhante é a proposição de Iturraspe e Piedecasas: "Existe relativa coincidencia en que no existiendo un contrato debidamente perfeccionado, sólo cabe la indemnización de los gastos realizados y la eventual pérdida de chance, debidamente probados." *Responsabilidad Precontractual*, p. 132.

Direito dos Contratos

65

Duas objeções poderiam ser formuladas a este posicionamento.

Em primeiro lugar, a indenização estaria sendo calculada admitindo-se o perfeito cumprimento do contrato por ambas as partes, o que não ocorre. O contrato não chega a existir. Deveria o magistrado, para evitar o enriquecimento ilícito de uma parte em detrimento da outra, atentar para os gastos que a execução normal ocasionaria, fixando uma indenização em valor semelhante ao benefício ordinário do contrato, computando logicamente os custos do adimplemento perfeito.

De outra banda, os valores albergados no interesse positivo podem ser consideráveis e levar o contratante faltoso à ruína. Sob este enfoque, convém lembrar a interessante inovação do direito brasileiro no que toca a fixação do dano reparável.[139] Vige, ainda, o princípio da reparação integral do prejuízo, bem exposto no *caput* do art. 944 do Código Civil (a indenização mede-se pela extensão do dano). Contudo, o parágrafo único, apresenta um critério subsidiário, que permite ao juiz reduzir equitativamente a indenização "se houver excessiva desproporção entre a gravidade da culpa e o dano". Em tese, a norma pode ter aplicação tanto nas demandas que versam sobre responsabilidade delitual, quanto naquelas em que discutido ilícito contratual. O dispositivo lembra a dicção do art. 494 do Código português: "quando a responsabilidade se fundar na mera culpa, poderá a indemnização ser fixada, eqüitativamente, em montante inferior ao que corresponderia aos danos causados, desde que o grau de culpabilidade do agente, a situação económica deste e do lesado e as demais circunstâncias do caso o justifiquem".

No regramento da responsabilidade pré-contratual, o dispositivo, se utilizado com prudência, oferece boa resposta aos problemas práticos, harmonizando os distintos interesses envolvidos. A regra da reparação integral, em situações excepcionais, será alijada pela consideração do interesse do próprio lesante, evitando assim a sua ruína.

À luz do exposto, conclui-se pela admissibilidade da responsabilidade pré-negocial no sistema brasileiro, a despeito da ausência de norma legal específica sobre o tema. A partir do diálogo estabelecido entre as fontes jurígenas, resta demonstrada a compatibilidade entre a "culpa *in contrahendo*" e o ordenamento nacional, o qual reconhece o dever de indenizar quando qualquer contratante desconsidera o comportamento devido, gerando dano injustificado ao par.

---

[139] Registre-se posicionamento em sentido contrário do eminente professor Fábio Ulhôa Coelho, que não admite a valoração da culpa no arbitramento do dano contratual: "o grau de culpa é, assim, irrelevante na identificação das conseqüências do inadimplemento de obrigações negociais. Tenha sido levíssima ou gravíssima a ação que levou à inadimplência, deverá o inadimplente suportar os mesmos consectários". *Curso de Direito Civil*, p. 174. 3. ed. São Paulo: Saraiva, 2009.

3. Incumprimento antecipado do contrato

3.1. Colocação do problema

O presente trabalho debate a aplicação da teoria da quebra antecipada do contrato no direito brasileiro. O tema pode ser colocado a partir da seguinte questão: será possível verificar o inadimplemento absoluto, antes mesmo de ultrapassado o prazo convencionado para a prestação? Ou necessitaria o credor aguardar até seu escoamento para exercer o direito à resolução? Haverá sentido em se constranger o cidadão (credor) a esperar em vão o (in) cumprimento da obrigação pelo outro contratante? Ou o sistema deveria excepcionalmente autorizar o desfazimento do liame, a fim de que os envolvidos pudessem entreter outras avenças e buscar, novamente, a satisfação frustrada.

Poucos são os precedentes encontrados acerca do inadimplemento prematuro.[140] A tese já foi chancelada pelo Superior Tribunal de Justiça, em acórdão relatado pelo Ministro Ruy Rosado de Aguiar Junior, que versava sobre o exemplo típico da teoria do inadimplemento antecipado, qual seja a impossibilidade da construtora entregar o imóvel no prazo assinalado contratualmente. Considerou a Corte que "evidenciado que a construtora não cumprirá o contrato, o promissário comprador pode pedir a extinção da avença e a devolução das importâncias que pagou".[141] No caso concreto, após longo tempo passado desde a assinatura, a obra ainda encontrava-se em estágio inicial, sendo certo concluir pelo futuro

---

[140] Em pesquisa perfunctória na jurisprudência de alguns Tribunais da Federação, mediante o site, e com a busca pela expressão "quebra antecipada do contrato" e outras sinônimas, o resultado indicou apenas uma ocorrência no Superior Tribunal de Justiça, três ocorrências no Tribunal de Justiça do Paraná (TJPR), uma nas Cortes Paulista e na Gaúcha (TJSP e TJRS) e nenhuma nos Tribunais do Ceará, Roraima, Santa Catarina e Mato Grosso do Sul (TJCE, TJRO, TJSC e TJMS). A escolha dos Tribunais foi aleatória. Contudo, os números encontrados não devem ser muito diferentes daqueles de outros tribunais. Anote-se, ainda, que a pesquisa foi apenas quantitativa, pois, analisados os precedentes encontrados conclui-se que alguns deles não trataram da "quebra antecipada" no sentido do texto, mas sim de outras situações.

[141] REsp 309.626/RJ, 4ª Turma, Rel. Min. Ruy Rosado de Aguiar Junior. DJ: 20.08.2001, p. 479.

Direito dos Contratos

incumprimento dos prazos. Dentro desse contexto, a solução preconizada foi a liberação das partes, ainda que o lapso convencionado não se tivesse escoado.

Também em sede doutrinária o tema foi pouco versado. Há, seguramente, manifestações importantes, como, por exemplo, a lição de Ruy Rosado de Aguiar Junior, na clássica monografia sobre a Resolução (Extinção dos Contratos por Incumprimento do Devedor), a análise ponderada de Judith Martins-Costa (*Comentários ao Código Civil*) e de Jorge Cesa Ferreira da Silva (*A boa-fé e a violação positiva do contrato*), sem olvidar o pioneiro artigo científico de Vera Jacob de Fradera (*Quebra Positiva do Contrato*).[142] Contudo, se comparada com a atenção dedicada a outros temas, a doutrina nacional em torno do inadimplemento antecipado ainda é incipiente.

O presente texto, portanto, analisa a admissibilidade do incumprimento antecipado no direito brasileiro, a partir da conjugação de normas da legislação civil. Ato contínuo, apresenta alguns dos efeitos que sua recepção determina, tendo como objetivo permitir a liberação das partes de vínculos contratuais que não conservam qualquer utilidade e estabelecer critérios que auxiliem na identificação de eventual responsabilidade indenizatória, bem como sua extensão.

3.2. Fixação do conceito

A ideia central da admissão antecipada do inadimplemento (entenda-se: enquanto ainda pendente o prazo para a prestação) é permitir a pronta liberação dos interessados para buscar, com outros parceiros, os propósitos idealizados na relação fracassada (efeito liberatório). Quando patente pelas circunstâncias a inevitabilidade do inadimplemento, deve o Direito atuar, para proteger as expectativas do credor, uma vez que se apresenta ilógico aguardar, quando a realidade subjacente indica que a prestação fatalmente não será cumprida.

Esse é o sentido da expressão "quebra antecipada" no presente texto. Não se quer afirmar, de modo algum, a ocorrência de "incumprimento prévio" sempre que uma das partes desatende um dever, mas apenas a situação na qual, antes mesmo de esvaído o prazo, já se pode constatar o inadimplemento. O esclarecimento, conquanto banal, mostra-se neces-

---

[142] Merecem destaque, ainda, os recentes estudos de Paulo Roberto Ribeiro Nalin (*Responsabilidade Civil*: descumprimento do contrato e dano extrapatrimonial), Marcos Jorge Catalan (*Considerações iniciais sobre a quebra antecipada do contrato e sua recepção pelo direito brasileiro*) e Raphael Manhães Martins (*O Inadimplemento antecipado da prestação no direito brasileiro*).

sário para auxiliar a compreensão, na medida em que há julgados que se valem de termos semelhantes para ilustrar qualquer inadimplemento no curso da execução do contrato.[143]

Com base nessas premissas, afirma-se que o fato de uma das partes não efetuar a prestação devida (a entrega da coisa, o pagamento, o fazer etc.) no tempo apropriado, caracteriza geralmente o inadimplemento, o qual somente será antecipado, caso reconhecido antes mesmo do prazo previsto para a prestação.

Muitas das trocas são instantâneas, outras tantas dependem de atos preparatórios conduzentes ao adimplemento. Nesse contexto, entende-se a finalidade do prazo: viabilizar a prestação do devedor, propiciando--lhe tempo para elaborá-la. Contudo, em algumas oportunidades, o prazo tem a sua função desvirtuada, na medida em que o obrigado, em vez de aproveitá-lo, queda-se inerte, demonstrando pouco interesse no cumprimento da avença. Justamente nessas hipóteses, em que desaparece o interesse jurídico na consideração do prazo, ocorre o debate quanto à possibilidade do reconhecimento do incumprimento antecipado.

Com base nessas premissas, conceitua-se a quebra antecipada como o fenômeno que libera o credor do vínculo, diante do fatal inadimplemento da obrigação pelo devedor. A análise é realizada a partir de dados concretos que formam a convicção do incumprimento da avença, antes mesmo do implemento do prazo assinalado para a prestação. Eventualmente, sujeita o devedor à responsabilidade pelos danos ocasionados e pela expectativa frustrada.

---

[143] Apenas por ilustração, observe-se precedente do Tribunal de Justiça do Rio Grande do Sul, cuja ementa foi assim redigida: "Apelação Cível. Responsabilidade Civil. Interrupção Unilateral de Programa de Intercâmbio no Exterior. Suposta Violação à cláusula Contratual que proibia o consumo de drogas. Acusação Desprovida de Provas Idôneas. Responsabilidade Civil. Ofensa à Boa-Fé. Danos Materiais e Morais Caracterizados. Redução do Quantum Arbitrado *a Quo*. (...) o autor e seus responsáveis depositaram toda a confiança nos serviços prestados pela ré, possuindo expectativas legítimas de que o jovem teria toda a assistência e apoio necessários ao enfrentamento dos problemas que comumente surgem em viagens da espécie. Todavia, a ré não atendeu aos deveres secundários assumidos por ocasião do contrato, ao adotar uma postura de desconfiança perante o autor, em razão de uma denúncia unilateral de suposto consumo de drogas, sem comprovação nos autos e apresentada por pessoa que supostamente lhe teria feito propostas sexuais não aceitas, culminando com a interrupção insuficientemente motivada do intercâmbio. A desatenção à boa-fé denota, pois, o descumprimento dos deveres secundários e a quebra antecipada do contrato. Assim, a demandada cometeu ato ilícito, consubstanciado no exercício de um direito com total inobservância aos limites impostos pela boa-fé objetiva na execução do contrato (...)". TJRS, 9ª Câmara Cível, AC 70012450581. O caso em apreço, portanto, não tratava propriamente de uma quebra antecipada, e sim, de um pretenso inadimplemento verificado no curso da execução do contrato. Seria a hipótese de inadimplemento antecipado, se médicos atestassem que o intercambista, por ser drogadicto, não iria conseguir permanecer um ano no exterior sem consumir substâncias ilícitas, de sorte que a previsão contratual seria descumprida, podendo a empresa, antes mesmo do início do programa, dar por resolvido o contrato. Mas não era, nem de longe, a situação dos autos, no qual houve puro inadimplemento, em virtude de uma conduta precipitada (interrupção do programa), sem a adoção de cautelas devidas.

Direito dos Contratos

3.3. Tutela jurídica do contrato

Vivemos o tempo dos contratos. O Direito fomenta a realização de negócios, permitindo aos sujeitos ampla liberdade na estipulação de seus termos. Não à toa, nossa Constituição reconhece o valor da liberdade já em seu preâmbulo, estabelecendo ainda como fundamento do Estado Democrático de Direito a cidadania e a dignidade da pessoa humana. Tanto na realização da liberdade, quanto na efetivação da cidadania e da atenção à dignidade, o contrato apresenta-se como valioso propulsor das relações sociais.

Malgrado a dificuldade em sua conceituação, o contrato representa um dos símbolos de nossa época. Sua importância pode ser medida a partir da constatação de que, paralelamente ao debate em torno da Constituição Europeia, discute-se também um "Código de Contratos", para permitir a adequada convivência dos cidadãos de povos diversos. O projeto conduzido pelo Unidroit é um grande exemplo.

Na versão elaborada pela Academia de Pavia é definido o contrato como o "acordo de duas ou mais partes destinado a criar, regular, modificar ou extinguir uma relação jurídica que pode comportar obrigações e outros efeitos ainda a cargo de apenas uma das partes".[144] Esta definição enfatiza o papel da vontade, aproximando-se bastante do conceito adotado pela doutrina clássica.

O encontro de interesses, estimulado pelo Direito como meio de desenvolvimento das relações humanas e econômicas, encontra no contrato a sua marca registrada. Tanto a etapa da formação, quanto a da execução, são protegidos juridicamente. Isso sem olvidar a fase de aproximação e a tutela estendida para após o adimplemento propriamente dito, com as figuras da responsabilidade pré e pós-negocial, ora em maturação nos sistemas.

Historicamente, está consagrada a ideia de que o contrato faz lei entre as partes, muito embora os princípios clássicos atualmente mereçam uma releitura para atualização. Dentro dos limites traçados pelo sistema, os cidadãos gozam de liberdade para buscarem a satisfação, cabendo ao Estado precipuamente o dever de respeitar e assegurar o perfeito cumprimento da palavra empenhada. Em que pese o corpo do devedor não responda, de regra, pela execução do programa contratual, o Direito reconhece variadas formas de pressão para o adimplemento, sem que se veja nisso qualquer ofensa à dignidade do contratante (p. ex. as astreintes).

---

[144] Anteprojeto do Código Europeu de Contratos da Academia de Pavia. José Luis de los Mozos, p. 131.

Admitir que essa visão clássica ainda conserva sua atualidade não significa relegar ao oblívio as exigências sociais, materializadas na funcionalização dos direitos e na solidariedade. É reconhecida a existência de uma função social a ser desempenhada por cada negócio, uma vez que esses, em maior ou menor escala, podem refletir perante terceiros.[145] De seu turno, a objetivação do vínculo pela recepção da boa-fé garante o exercício regular e respeitoso das posições jurídicas.

Atualmente, na *civil law*, pode-se afirmar que há um consenso em torno da necessidade de se privilegiar a manutenção dos contratos, evitando a sua extinção, uma vez que a tutela contratual encerra o sentimento de privilegiar relações formadas no seio da sociedade, por seus próprios membros e em razão de juízo privativo de conveniência. A expectativa de segurança persiste, e a fé no cumprimento das avenças mostra-se fundamental para a criação de um panorama menos instável.[146]

Por essas e outras tantas razões que se poderiam elencar, os ordenamentos, de forma mais ou menos acentuada, limitam a atuação do Estado na valoração das avenças, pois o juízo de conveniência, como salientado, é privativo da sociedade. Salvo quando presente algum fator que imponha a decretação de sua anulação (p. ex. erro), rescisão (p. ex. lesão), resolução (p. ex. incumprimento), revisão (p. ex. cláusulas abusivas), ou para a censura do exercício jurídico indevido, o papel do Estado pode ser resumido, grosso modo, no de criar condições para que as pessoas ampliem suas relações comerciais e as respeitem.

Todavia, a proteção do vínculo vai além, exigindo que as técnicas de interpretação e a eventual atuação judicial propiciem a conservação do cenário contratual, ainda que com episódicos ajustes, restringindo ao máximo as extinções pelo efeito nocivo que traz a sociedade. A este respeito, é muito representativa a lição de Jean Pierre Sortais: "tem um ponto sobre o qual os redatores do anteprojeto se inspiraram do espírito da convenção de Viena. O motivo seria que o contrato pudesse ser salvo, mediante alguns procedimentos (adaptação, negociação) – cada vez que a bem seja possível. A aniquilação do contrato consecutivo a sua resolução ou a sua resilição será evitada na medida do possível; esta observação ilustra o espírito que presidiu a totalidade das disposições relativas à não execução do contrato".[147]

---

[145] Sobre a evolução da ideia de contrato, consultar, dentre farta bibliografia, Enzo Roppo (*O Contrato*, Almedina) e Mário Júlio de Almeida Costa (*Direito das Obrigações*, v. 1, Almedina).

[146] Não seria absurdo afirmar que o próprio desenvolvimento da personalidade está intimamente conectado com a proteção que é oferecida aos vínculos entretidos e a expectativa de seu cumprimento.

[147] Anteprojeto de Código Europeu dos Contratos (Relatório sobre a Terceira Parte), p. 111.

Direito dos Contratos

Dentro dessa ideologia de salvaguarda do vínculo obrigacional, compreende-se a previsão do art. 172 do mencionado Anteprojeto, ao liberar a via judicial "in tutti quei casi nei quali il diritto o l'aspettativa ragionevolmente fondata da una parte, senza una sua responsabilità, stanno per essere o già sono minacciatti", com o objetivo de evitar o inadimplemento.[148] Para tanto, está autorizado o juiz a deferir provimentos de urgência, aptos a afastar o risco existente. A solução é preventiva e tem lugar quando o contratante possui fundados motivos para duvidar do perfeito adimplemento alheio. O Direito se antecipa, minimizando os riscos, protegendo as expectativas.[149]

Esse "espírito de preservação" encontra guarida em inúmeras disposições do direito brasileiro. Apenas por ilustração, aponte-se a ação inibitória que pode ser usada com sucesso para prevenir o inadimplemento (art. 461, CPC), o regramento da decretação da nulidade das cláusulas abusivas, previsto no Código de Defesa do Consumidor, com a permanência do contrato (art. 51, §2º, CDC), a superação do vício do erro pela execução consoante "a vontade real do manifestante" (art. 144, CCB) e a possibilidade de ser evitada a lesão, quando "for oferecido suplemento suficiente ou se a parte favorecida concordar com a redução do proveito" (art. 157, §2º, CCB). Enfim, a ideologia da conservação contratual está impregnada nestas e em tantas outras previsões legislativas e jurisprudenciais (adimplemento substancial, impossibilidade de revisão de contrato findo ou voluntariamente cumprido etc.).

---

[148] Art. 172: "1. Nelle ipotesi espressamente previste dalle norme di questo codice e in tutti quei casi nei quali il diritto o l'aspettativa ragionevolmente fondata da una parte, senza una sua responsabilità, stanno per essere o già sono minacciati, o compromessi o impediti nel loro esercizio, da azioni, omissioni o fatti lesivi che già si sono verificati o che è ragionevolmente prevedibile che si verifichino, il giudice può, su richiesta della parte medesima, pronunciare i seguenti provvedimenti, suscettibili di esecuzione forzata, in base alle norme processuali del luogo in cui vengono emessi: a) una inibitoria, con la quale ordina alla controparte di cessare l'azione o di astenersi dall'omissione, già iniziate o temute; se del caso, impone a quest'ultima anche di prestare un'idonea garanzia per i danni già verificatisi o temuti; fissa inoltre un termine per l'ottemperanza al suo provvedimento; può altresì subordinare, se necessario, l'esecuzione del provvedimento stesso alla prestazione di una cauzione da parte del richiedente; b) una ingiunzione, con la quale ordina alla controparte l'esecuzione in forma specifica di una prestazione di dare o di fare; se del caso impone anche a quest'ultima di prestare un'idonea garanzia per i danni già verificatisi o temuti; fissa inoltre un termine per l'ottemperanza al suo provvedimento; può altresì subordinare, se necessario, l'esecuzione del provvedimento stesso alla prestazione di una cauzione da parte del richiedente".

[149] No direito brasileiro, há normas com sentido próximo, tais como a ação inibitória, prevista no art. 461, CPC, e a batizada "exceção de segurança", do art. 477, CCB. A inteligência dessas disposições aponta para a possibilidade do credor exigir, também pela via judicial, garantias de que efetivamente a obrigação será adimplida pelo devedor, inclusive com providências cautelares e satisfativas. É que a tutela oriunda da ação inibitória, como é sabido, possui natureza preventiva. Ela se antecipa ao ilícito, uma vez que se contenta com a sua probabilidade, alcançando êxito sempre que o evita, desimportanto para sua procedência o debate quanto ao presumível dano. Daí realizar-se com as eficácias mandamental e executiva lato-senso, especialmente.

Dentro desse contexto, no qual se objetiva salvar o contrato, poder-se-ia argumentar que o reconhecimento prematuro do inadimplemento, quando não implementado o prazo convencionado de forma livre pelas partes, não seria tolerado no direito brasileiro. Com razão, soaria, no mínimo, estranho postular, de um lado, a manutenção do vínculo como finalidade do sistema, e, de outro, admitir a resolução, quando não ultrapassado o prazo para a prestação. Reside neste ponto, justamente, a grande dificuldade na admissão da tese.

Tendo em vista que, sem inadimplemento, não há resolução, a primeira equação a ser dirimida reside na possibilidade de ocorrer o descumprimento antes mesmo do "termo" estipulado, fixando-se o sentido normativo do art. 397, CCB, quando afirma que "o inadimplemento da obrigação, positiva e líquida, no seu termo, constitui de pleno direito em mora o devedor. Parágrafo único: não havendo termo, a mora se constitui mediante interpelação judicial ou extrajudicial". Sem olvidar que, na avaliação da mora, deve ser sopesado o art. 394, CCB, que apresenta fórmula genérica sobre o fenômeno: "considera-se em mora o devedor que não efetuar o pagamento e o credor que não quiser recebê-lo no tempo, lugar e forma que a lei ou a convenção estabelecer".

O reconhecimento da teoria do incumprimento prematuro passa pela superação das questões acima propostas. É o que se busca no próximo tópico.

3.4. A recepção do inadimplemento prematuro

Como sublinhado, na linha do art. 397, CCB, o devedor é constituído em mora, em decorrência do inadimplemento da obrigação, positiva e líquida, "no seu termo". Muitas trocas são instantâneas, outras dependem da realização de atos preparatórios. Logo, a finalidade do prazo contratualmente estipulado não é outra senão viabilizar o cumprimento no termo acordado.

Com efeito, as partes, quando da celebração de contratos, ordinariamente negociam prazos a serem obedecidos, na medida em que a atuação tempestiva é de valiosa importância para a satisfação obrigacional. Contudo, parece evidente que, em determinadas obrigações, a pontualidade da prestação assume ainda maior importância. Em outras, pode ocorrer a tolerância frente a atrasos. Em outros termos: ora ocorrerá inadimplemento absoluto, ora relativo.

Observe-se dois exemplos de um atraso de três horas. Na primeira situação, uma pessoa ou uma empresa é prejudicada pela demora na

Direito dos Contratos

decolagem de uma aeronave. Na segunda, em face dos mesmos cento e oitenta minutos, os convidados a um evento ficam sem o coquetel contratado. No plano abstrato, qualquer dos casos poderia gerar um direito a indenização, conquanto de regra apenas no segundo exemplo fosse viável a extinção do vínculo, pela perda do interesse substancial.

Em face dessa realidade, a mora, por si só, pouco fala. Ela é transitória. Ou é purgada pela atuação tardia do devedor ou vira inadimplemento absoluto. Resta apontar se, em virtude do atraso, o interesse de credor é afetado. Se a resposta for positiva, estaremos diante do inadimplemento absoluto, que gera o direito à resolução. Do contrário, quando viável a atuação tardia, o inadimplemento ainda é relativo e não permite a quebra do vínculo, como norma geral. Com base nesse regramento, surge a valia da expressão "termo essencial", utilizada para identificar situações nas quais a pontualidade merece integral respeito.

Se a desatenção ao termo ocasionar a perda do interesse do credor, então de nada adiantará aguardar passivamente sua efetivação para, só após, autorizar sua liberação do vínculo. Mais produtivo seria, identificado o "atraso fatal", antecipar também o efeito liberatório. Não há, em linha de princípio, qualquer contradição em se afirmar que o termo é fundamental para a caracterização da inadimplência e, ao mesmo tempo, admitir que essa análise pode ser realizada em momento anterior ao próprio termo, mormente quando existem meios concretos que possibilitam tal valoração (juízos de probabilidade, efetuados a partir de estudos verdadeiramente científicos).

A ponderação de Jorge Gamarra mostra-se acertada, quando afirma que "pode acontecer que, enquanto corre o prazo, o resultado da relação obrigacional já está seguramente definido: o devedor não realizará a prestação até o vencimento, porque não quer ou não poderá realizar – nesse momento futuro, o comportamento que satisfaça o interesse do credor. Assim ocorre quando declara por atos inequívocos, claros e definitivos, que não vai cumprir com seu dever, ou a sua inatividade frente aos atos preparatórios apontem para a certeza (em termos de prognósticos e segundo cálculos de probabilidades) de que o cumprimento surge como uma hipótese impossível".[150]

---

[150] No original: "puede suceder que, mientras corre el plazo, la situación de la relación obligacional ya esté seguramente definida; el deudor no realizará la prestación al vencimiento, porque no quiere o no podrá actuar – en ese momento futuro – el comportamiento que satisface el interés del acreedor (cumplimiento). Así sucede cuando declara por actos inequívocos, claros y definitivos, que no va a cumplir con su deber, o su inactividad en materia de actos preparatórios (conducentes a tener pronta la prestación al expirar el termino), aporten la certeza (en termos de pronóstico y según el cálculo de probabilidades) de que el cumplimiento aparece como una hipótesis imposible". *Responsabilidad Contratual*, p. 149.

Avançando na linha das ideias do professor oriental, poder-se-ia agregar que, a partir da identificação da razão de ser do benefício do prazo, é possível extrair a conclusão de que a inatividade do devedor no curso do prazo viola o direito legítimo do credor em visualizar a preparação do adimplemento.[151] Dentro dessas premissas, Jorge Gamarra considera a quebra antecipada como um "desarollo coherente y necesario del derecho de suspender la prestación". Ora, se o Direito admite que o credor suspenda sua prestação, quando existirem dúvidas concretas acerca da capacidade de seu parceiro negocial honrar a obrigação, não seria coerente admitir a extinção do vínculo quando patente o inadimplemento?

Alguns exemplos auxiliam a compreensão do problema. Observe-se a hipótese de um laboratório ter se comprometido, no prazo de dois anos, a desenvolver e a apresentar uma medicina inovadora para combater determinada doença, a partir de pesquisas realizadas com a flora de determinada região do globo. Quando transcorridos dezoito meses, sem que qualquer estudo sério tenha se iniciado, será necessário aguardar outros cento e vinte dias para se concluir que, naquele termo combinado, o resultado será frustrante para o credor? Ou a situação em que uma empresa automotora se compromete a entregar cem mil veículos em determinada data. Cotejando sua capacidade com os dias faltantes, já se consegue, de antemão, apontar qual o risco concreto de inadimplência. Ou seja, o descumprimento do termo pode ser visualizado antecipadamente.

O fenômeno é bem apreendido na lição de Ruy Rosado de Aguiar pela qual "se o devedor pratica atos nitidamente contrários ao cumprimento ou faz declarações expressas nesse sentido, acompanhadas de comportamento efetivo contra a prestação, de tal sorte que se possa deduzir conclusivamente, dos dados objetivos existentes, que não haverá o cumprimento. Se essa situação se verificar, o autor pode propor ação de resolução O incumprimento antecipado ocorrerá sempre que o devedor, beneficiado com um prazo, durante ele praticar atos que, por força da natureza ou da lei, faça impossível o futuro cumprimento".[152]

Na jurisprudência do Superior Tribunal de Justiça, o *leading case* é o Recurso Especial nº 309.626/RJ, no qual foi apreciada a pretensão resolutiva do promitente comprador, tendo em vista o iminente inadimple-

---

[151] Ainda Jorge Gamarra: "el deudor dispone del beneficio del plazo (que le permite postergar el momento en que debe entregar el resultado de su prestación al acreedor) porque ciertas obligaciones no pueden realizarse instantaneamente o inmediatamente luego del contrato, y requieren necesariamente proyectos, predisposición, y puesta em funcionamiento de médios productivos, actividades complejas de muy diversas índoles, que son imprescindibles para que pueda verificarse la prestación (...) de manera que el plazo no abre un parêntesis temporal absoluto y no importa exonerar al deudor de un comportamiento particularmente atento y dirigido a las exigências ultimas de la obligación." (p. 152-153).

[152] *Extinção dos Contratos por Incumprimento do Devedor*, 2. ed. Aide, 2003, p. 126/127.

Direito dos Contratos

mento da construtora. As partes haviam contratado a compra e venda de um apartamento, que seria construído pela ré, com entrega prevista para novembro de 1999. Dois anos após a celebração da avença, em 1998, as obras nem sequer haviam iniciado, o que motivou o adquirente a ingressar com a ação, uma vez que já não havia tempo útil para o início e a finalização da obra.

O Ministro Relator, Ruy Rosado de Aguiar Junior, aduziu que "o caso é de descumprimento antecipado de contrato de promessa de imóvel a ser construído, porquanto as circunstâncias reconhecidas pelas instâncias ordinárias evidenciaram que a construtora, até a data do ajuizamento da demanda, não iniciara as obras, embora já decorridos dois anos e faltando apenas um para o término do prazo contratual. Quando a devedora da prestação futura toma atitude claramente contrária à avença, demonstrando firmemente que não cumprirá o contrato, pode a outra parte pleitear a sua extinção".[153]

Portanto, deve-se admitir a quebra antecipada do contrato sempre que, em face das circunstâncias adjacentes ao negócio jurídico, restar evidente que não haverá o cumprimento da forma e no tempo combinados. Hipótese típica é a manifestação séria do devedor a terceiros acerca de seu desinteresse ou impossibilidade no adimplemento.[154]

Comportamentos dúbios que trazem insegurança à relação também devem ser valorados, mormente nos dias presentes, em que o dinamismo das transações comerciais é fundamental para a própria segurança das relações sociais. Logo, de todo conveniente que, uma vez evidenciada a impossibilidade da prestação, as partes sejam liberadas do pacto e possam buscar a satisfação em outro relacionamento. Como precisou o relator do acórdão analisado, não há "nenhum interesse social na manutenção de

---

[153] Trecho do voto proferido no REsp. 309.626/RJ, cuja ementa é: "Promessa de Compra e Venda. Resolução. Quebra antecipada do contrato. Evidenciado que a construtora não cumprirá o contrato, o promissário comprador pode pedir a extinção da avença e a devolução das importâncias que pagou. Recurso não conhecido." (4ª Turma, Rel. Min. Ruy Rosado de Aguiar, j. 07.06.2001. DJ: 20.08.2001, p. 479).

[154] Correta a posição do Desembargador Albino Jacomel Guerios, da 16ª Câmara Cível, no julgamento da Apelação nº 283656-2 (18.05.2005), oriunda da Comarca de Londrina, captando a *ratio* da quebra antecipada: "mais ainda, os autores alegaram na inicial fatos também não impugnados pela ré e que autorizam a resolução do contrato: a probabilidade de descumprimento do prazo de entrega das unidades, em razão do atraso nas obras e na falta de infra-estrutura nas poucas unidades já edificadas, em número de 8. Essa situação, na medida em que revela, a partir de um juízo de probabilidade suficiente, a inviabilidade do cumprimento da prestação, ou seja, a entrega das unidades a tempo, tipifica a chamada quebra antecipada do contrato, que ocorre quando o devedor, pelo seu comportamento reiterado, dá mostras que não irá cumprir a prestação, solução mais adequada quando se pensa que os contratos dos autos são de consumo, por deles participarem consumidores, que procuraram adquirir unidades para fins residenciais, e uma incorporadora, uma construtora, alguém que atua no mercado com habitualidade".

um vínculo" que se encontra "gravemente ferido".[155] Desapareceu a chance de satisfação e, com ela, a função social.

É bem verdade que parcela dos problemas ocasionados pela previsão de inadimplemento é solucionada mediante a exceção de inseguridade, que assegura ao contratante fiel o direito de somente adimplir sua parcela quando o outro dê sinais de que estará em condições de ofertar a sua. Com razão, prevê o art. 477, CCB, que "se, depois de concluído o contrato, sobrevier a uma das partes contratantes diminuição em seu patrimônio capaz de comprometer ou tornar duvidosa a prestação pela qual se obrigou, pode a outra recusar-se à prestação que lhe incumbe, até que aquela satisfaça a que lhe compete ou dê garantia bastante para satisfazê-la". Na verdade, a "defesa em prol da segurança" não se confunde com o reconhecimento antecipado do inadimplemento, pois naquela o que se objetiva é preservar o contrato, oferecendo uma garantia idônea ao credor, que se sente intranquilo quanto à adimplência do par, ao passo que nesta o próprio contrato é desfeito, liberando-se as partes, em face da certeza de inadimplemento futuro.

Em outros termos, se existe "risco de inadimplência", deve se recorrer ao art. 477, CCB, e outras medidas que forcem o adimplemento (p. ex. as astreintes). Quando, entretanto, há "certeza de inadimplemento", o caminho adequado é a resolução antecipada, com a liberação das partes.[156]

3.5. Avaliação do dano indenizável

Uma vez admitida a tese do inadimplemento antecipado, restaria apontar as consequências patrimoniais. Inicialmente, sublinhe-se que nem todo incumprimento gera ao credor o direito a perceber indenização, uma vez que o sistema brasileiro contempla o critério da imputabilidade. Ou seja, apenas surge o dever de indenizar quando o inadimplemento decorre da atuação/inação censurável do obrigado.

Bem se sabe que as normas do Código Civil a este respeito são vagas, especialmente os artigos que versam sobre o inadimplemento das obrigações. Mas este estilo linguístico, antes de comprometer, mais beneficia o desenvolvimento e a aplicação do direito civil no tópico. Compete a jurisprudência e a doutrina, com os olhos voltados ao que ordinariamente

---

[155] Op. cit., p. 128.

[156] TJSP, AC 511.539.4/5-00, Rel. Des. Mário Silveira: "Ação de Rescisão Contratual. Inadimplemento manifesto da Apelante. Quebra antecipada do contrato. Possibilidade do Apelado suspender o pagamento das parcelas em atenção ao principio da exceptio non adimpleti contractus. Devolução integral de todas as prestações, inclusive do valor pago a título de corretagem. A rescisão contratual tem como conseqüência a restituição das partes ao *status quo ante* – Recurso Improvido".

Direito dos Contratos

ocorre no tráfego negocial (usos e costumes) proteger as expectativas que se mostrem legítimas, zelando pelo regular exercício dos direitos.

A regra fundamental é que a imputabilidade depende de ilicitude. E a ilicitude, de seu turno, malgrado a tradição da culpa, frequentemente é aferida pela ponderação de dados objetivos e concretos. *Data venia*, a diretriz da responsabilidade contratual no direito brasileiro segue a premissa do art. 392, CCB, pela qual, nos contratos onerosos, "responde cada uma das partes por culpa, salvo as exceções previstas em lei". Por "lei", obviamente entenda-se "Direito", uma vez que, especialmente no direito obrigacional, outras fontes merecem respeito (usos e costumes, jurisprudência, doutrina, etc.). Esta consideração hermenêutica é importante, na medida em que sinaliza ao aplicador outros valores e outras normas que devem ser sopesadas no equacionamento de crises contratuais. Se apenas se admitisse a responsabilidade pela culpa, a tutela contratual, como de resto a civil, seria manifestamente insatisfatória, em detrimento da segurança. Daí a importância do diálogo das fontes jurígenas.

Para o bom funcionamento do sistema obrigacional, não devem ser confundidas as noções de "inculpação" e "imputação". Há variadas formas de imputação de responsabilidade, entre as quais a culpa. Mas o ordenamento não se encerra na culpa. Ao contrário, ele é rico, pela incidência de diversas normas, muito especialmente aquelas da parte geral. É extremamente sábia a lição da professora Judith Martins-Costa a este respeito, quando sublinha que a "imputação do dever de indenizar não significa o mesmo que inculpação do devedor, isto é, que a imputação não subjaz, necessariamente, a imputação pela culpa. Em suma, o que está primeiramente disposto no art. 392 é que, como regra geral, a inculpação do devedor de responder pelo adimplemento está acompanhada pela inculpação, em sentido lato, dos contratantes. Mas também está suposto que, sempre que a lei o excepcionar, a imputabilidade é objetiva, não requerendo a inculpação".[157]

Não se pode negar o papel relevante que a "culpa" assumiu ao longo da história do direito, especialmente na responsabilidade delitual. Todavia, reconhecer sua importância não significa olvidar outros meios de imputação. Grande parte da doutrina adota um conceito elástico de "culpa contratual", a fim de equipará-la a qualquer inadimplemento voluntário, ou seja, não cumprimentos imputáveis às circunstâncias que estão sob relativo domínio do devedor.[158] Esta posição, conquanto possa sofrer ob-

---

[157] *Comentários ao Código Civil*, p. 273.

[158] Assinala Fábio Ulhoa Coelho que "o inadimplemento voluntário decorre de conduta culposa da parte (em geral, o devedor). Em princípio, ele se caracteriza e implica as mesmas conseqüências tanto na hipótese de culpa simples (negligência, imperícia ou imprudência) como na de dolo (inten-

jeções no plano científico pela usurpação do conceito de culpa, é pragmática, pois concilia a tutela do credor, com a proteção do devedor.

A exigência da culpa para a procedência das demandas indenizatórias demonstra a influência ética do sistema jurídico, pois não se deve trair a palavra dada e a confiança depositada. E, logicamente, ao se tutelar o credor, indiretamente o sistema favorece o tráfego econômico, oferecendo tranquilidade para as pessoas levarem adiante as suas vidas, com a segurança de que terão amparo no caso do incumprimento alheio".[159]

Outra forma de adequar o significado normativo do art. 392 é conjugá-lo com os arts. 186 e 187 da Parte Geral. Estas últimas normas, como sabido, introduzem uma noção complementar de ilicitude, em que ocorrem meios de imputação subjetivo (art. 186) e objetivo (art. 187). O sistema, para ser rico, precisa da convivência de ambos. Se apenas se admitisse a responsabilidade pela culpa, a tutela contratual, como de resto a civil, seria manifestamente insatisfatória, em detrimento da segurança.

Com base nessa previsão legislativa, pode ser aplicada ao direito brasileiro, a conclusão alcançada por Enzo Roppo: "às vezes, para determinados tipos de relação contratual, deverá considerar-se imputável ao devedor todo o acontecimento que, de qualquer modo, entre na sua esfera de influência, de controlo, de organização, circunscrevendo-se a impossibilidade liberatória às hipóteses em que esta depende de causas totalmente estranhas a tal esfera (dir-se-á, então, que o critério é o da impossibilidade objectiva); outras vezes, em relações e negócios de tipo diverso, poder-se-á imputar ao devedor só aquela impossibilidade posterior que, além de manifestar-se na economia interna do próprio devedor, seja, em concreto, determinada por uma sua negligência, distracção ou imperícia, isto é, seja atribuída a culpa sua (assim se privilegia o critério – menos rigoroso e mais benévolo para o devedor – da impossibilidade em sentido subjetivo)".[160]

Efetivamente, a natureza do vínculo obrigacional deve ser considerada para se cotejar o comportamento do parceiro obrigacional. Para o preenchimento do alvéolo, coerente a atuação do intérprete pautada pela

---

ção). É irrelevante, por outro lado, o grau de culpa." (*Curso de Direito Civil*. 3. ed. São Paulo: Saraiva, 2009, v. 2, p. 174).

[159] É muito interessante a comparação com o art. 1.147 do Code. Como sublinha Christophe Radé, a falta contratual não é idêntica à regra geral do neminem laedere, mas decorre de outra regra mais específica, qual seja o respeito à palavra dada (*pacta sunt servanda*). A raison d´être dessa máxima reside tanto no fundamento moral (*ne pas trahir ceux qui ont placé leur confiance en vous*), quanto no econômico (*favoriser le commerce en garantissant aux créanciers que tout manquement à la parole donné fera l´objet de condamantions civiles*). L´impossible divorce de la faute et la responsabilité civile, p. 306.

[160] *O Contrato*, p. 257.

Direito dos Contratos

valorização dos usos e costumes do tráfego negocial e da natureza do negócio (*nature de l'affaire*), com o objetivo de se salvaguardar o interesse de ambas as partes e não impor-lhes sensível prejuízo.

Portanto, como regra, a constatação do inadimplemento antecipado impõe a presunção de responsabilidade civil do devedor, que a exime pela demonstração de ausência de dano, de falta de necessária colaboração do credor, fatos de terceiro e outras circunstâncias que justifiquem o seu comportamento.

Finalmente, ultrapassada a questão preliminar, restaria apurar o alcance da eventual indenização, efetivando o comando do art. 475, pelo qual "a parte lesada pelo inadimplemento pode pedir a resolução do contrato, se não preferir exigir-lhe o cumprimento, cabendo, em qualquer dos casos, indenizações por perdas e danos", em harmonia com a abstrata previsão do art. 395, *caput*.[161]

Tradicionalmente, o dano derivado do inadimplemento pode ser catalogado em duas espécies: (a) pelas despesas empregadas para a formação do vínculo (dano negativo) e (b) pela privação dos efeitos do cumprimento perfeito (dano positivo). Ou seja, o incumprimento alheio, a um só tempo, atinge o investimento feito pelo credor e o seu benefício esperado. Ambas as perspectivas devem ser consideradas.

Conserva a atualidade a lição do saudoso Caio Mário da Silva Pereira, quando alerta que "na sua apuração, há de levar-se em conta que o fato culposo privou o credor de uma vantagem, deixando de lhe proporcionar um certo valor econômico, e também o privou de haver um certo benefício que a entrega oportuna da res debita lhe poderia granjear, e que também se inscreve na linha do dano. Como sua finalidade é restaurar o equilíbrio rompido, seria insuficiente que o credor recebesse apenas a prestação em espécie, ou o seu equivalente pecuniário, porque assim estaria reintegrado no seu patrimônio tão somente o que lhe faltou, em razão do dano sofrido, mas continuaria o destaque correspondente ao benefício que a prestação completa e oportuna lhe poderia proporcionar. Não haveria, conseguintemente, o restabelecimento patrimonial no estado em que ficaria, se o devedor tivesse cumprido a obrigação, e, *ipso facto*, não seria indenização. As perdas e danos compreendem, em conseqüência, a recomposição do prejuízo correspondente ao que o credor efetivamente perdeu, e que as fontes denominam *damnum emergens*. Mas para serem completas deverão abranger também o que ele tinha fundadas esperan-

---

[161] Art. 395, *caput*: "responde o devedor pelos prejuízos que a sua mora der causa, mais juros, atualização dos valores monetários segundo índices oficiais regularmente estabelecidos, e honorários de advogados".

ças de auferir e que, razoavelmente, deixou de lucrar, parcela designada como *lucrum cessans* e que nós chamamos de lucro cessante".[162]

Desta forma, uma vez caracterizada a quebra antecipada por incumprimento do devedor, a indenização integral será apurada pelo restabelecimento do credor no estado em que se encontrava antes da aproximação negocial (devolução do investimento) e pela quantificação do razoável benefício perquirido pelo contrato (lucro cessante). É que o contrato fora perfeitamente celebrado e estava apto a gerar os seus naturais efeitos.

Em casos excepcionais, o princípio da reparação integral do dano, adotado pelo direito brasileiro, poderá ser mitigado, em prol da harmonização dos interesses envolvidos (razoabilidade). Ou seja, a culpa do devedor pode não interessar à caracterização do *an debeatur*, mas, por medida de equidade, eventualmente é valorizada quando da quantificação.

O Código Civil, após anunciar que a indenização mede-se pela extensão do dano, permite sua redução equitativa, se houver desproporção entre a gravidade da culpa e o dano ocasionado.[163] A inovação do Código merece aplauso, merecendo aplicação tanto na responsabilidade aquiliana, quanto na contratual. Não há sentido jurídico ou prático em não valorizar o grau de culpa do sujeito quando da quantificação do dano reparável, pois a utilização cega do princípio da reparação integral do prejuízo foi adotada para harmonizar os interesses envolvidos e não para ocasionar ainda maior prejuízo às pessoas. Afirmar que a inculpação vai aos poucos cedendo lugar para outras formas de imputação não significa alijar a culpa do direito obrigacional, especialmente no tópico da identificação do dano indenizável.

Isso sem olvidar a ponderação acerca da concorrência culposa da vítima, a qual, a par de permitir a redução do quantum, pode eventualmente até mesmo afastar o dever de indenizar na seara contratual, pela bilateralidade intrínseca.

3.6. Conclusão

O ordenamento brasileiro não proíbe o aproveitamento da teoria do inadimplemento antecipado. Se houver sérios indícios objetivos, aptos a formar juízo conclusivo no sentido do fatal inadimplemento não há razão para ser mantido o vínculo.

---

[162] Caio Mário. *Instituições*, v. II, 19. ed. Rio de Janeiro: Forense, 2000, p. 214.

[163] Art. 944, CCB: "A indenização mede-se pela extensão do dano. Parágrafo único: Se houver excessiva desproporção entre a gravidade da culpa e o dano, poderá o juiz reduzir, eqüitativamente, a indenização".

Direito dos Contratos

Analisada a realidade, conjugado o conhecimento técnico com a experiência do homem comum, é possível concluir pela impossibilidade do cumprimento de determinados contratos, com boa dose de segurança. Neste raciocínio, diversas ciências auxiliam o direito, o que demonstra a relevância da prova pericial, nessas demandas. Como decorrência lógica, deve o parceiro ser liberado para buscar satisfação por outro meio, livrando-o do pesado encargo de aguardar até o escoamento do termo, ciente de que a espera será infrutífera.

Não há sentido jurídico em se preservar contratos que não serão executados. A solução aqui preconizada colabora para a dinamização das relações comerciais, atentando para as legítimas expectativas da sociedade. O incumprimento, nessas hipóteses, gera pretensão indenizatória, desde que seja imputável ao devedor, sendo medido pela consideração do investimento na formação do contrato e no proveito que sua regular execução ofertaria aos envolvidos.

4. O contrato de patrocínio no Direito brasileiro (e o dever de coerência na sua execução)

4.1. Introdução

Costuma-se apresentar, como critério distintivo entre o direito obrigacional e o real, a dinamicidade daquele em comparação com este. Com efeito, a vida em sociedade é muito rica e as relações que se estabelecem entre as pessoas vão se amoldando às novas exigências, sempre cambiantes. O legislador, observando aquilo que acontece no mundo da vida, vai atrás e, nos limites de sua atuação, intenta oferecer maior segurança ao tráfego, editando molduras contratuais. Ocorre a permanente recepção legal da prática negocial.

O Código Civil brasileiro disciplina inúmeros contratos. Apenas no título dedicado às "várias espécies de contrato", são apresentados vinte modelos. Ao lado dessas duas dezenas de negócios jurídicos, outros tantos são encontrados em leis esparsas. Contudo, por mais minuciosa e precisa que seja a legislação, jamais haverá a integral previsão de todos os negócios jurídicos observados no seio da sociedade. Essa constatação em nada compromete o direito.

A dinamicidade da vida marca o direito. A cada dia surgem novas pretensas necessidades que devem ser satisfeitas ontem. Sempre atrás, o direito tenta, por diversas maneiras, acompanhar a evolução social. Uma das formas mais utilizadas é a linguagem. Não à toa, vivemos o tempo das cláusulas gerais e da revaloração dos princípios, cujo mérito reside na maior liberdade (e responsabilidade) do intérprete, que se livra das amarras rigidamente pré-fixadas pela fonte estatal-legislada, para buscar a melhor solução ao problema identificado, apelando a outras fontes e ciências.

Dentro de um sistema democrático, nem a lei, nem qualquer outra fonte jurígena, pode ser tida como a fonte exclusiva do direito. Portanto,

Direito dos Contratos

83

o reconhecimento de sua incompletude em nada macula o seu papel. Ao contrário, transmite a responsabilidade para todas as pessoas, que se tornam ainda mais protagonistas no desenvolvimento do direito.

É sintomático, sob esse enfoque, que a história do direito tenha consagrado a figura dos contratos atípicos. Ou seja, contratos que existem no seio social e que são respeitados pelo direito, ainda que não previstos na legislação. Respondem, tais contratos, às exigências do tráfego negocial e protegem, na maior parte das vezes, as pessoas nele envolvidas. É princípio assente nos sistemas que as partes são livres para criar contratos não previstos em lei, pela projeção da autonomia privada.[164]

Bela é a lição de Pedro Alfonsin Labariega Villanueva:

> Pela qual a incessante evolução das relações econômicas, a inacabada revolução tecnológica, a globalização dos mercados que causa a padronização das regras de direito, a economia em constante expansão, as renovadas exigências do tráfico mercantil e as mudanças que cotidianamente se efetuam em todos os âmbitos da vida, determinam a aparição e a profusão de relações contratuais não previstas nos ordenamentos legais, que geram o surgimento de novas figuras; de sorte que os clássicos contratos típicos não se tornam – em algumas ocasiões – o esquema mais adequado para regular tais inovadoras condutas.[165]

Normalmente, o contrato, quanto típico, também é nominado.[166] Todavia, o inverso não é verdadeiro. Há uma série de contratos nominados, porém atípicos.[167] Fala-se, nessas ocasiões, de uma "tipicidade social".[168]

---

[164] No Direito brasileiro, é histórica a lição de Orlando Gomes: "No direito moderno, é facultado ao sujeito de direito criar, mediante vínculo contratual, quaisquer obrigações. As pessoas que querem obrigar-se não estão adstritas, com efeito, a usar os tipos contratuais definidos na lei. Desfrutam, numa palavra, a liberdade de contratar ou de obrigar-se." (*Contratos*. 18. ed. Rio de Janeiro: Forense, 1998. p. 103).

[165] No original: "La incesante evolución de las relaciones económicas, la inacabada revolución tecnológica, la globalización de los mercados que causa la estandarizacíon de las reglas de derecho, la economía en constante expansión, las renovadas exigencias del tráfico mercantil y el cambio que cotidianamente se efectúa en todos los ámbitos dela vida, determinan la aparición y profusión de relaciones contractuales no previstas en los ordenamientos legales que generan el surgimiento de nuevas figuras estipulantes; por lo que los clásicos contratos típicos no devienen – en ocasiones – el esquema más adecuado para regular dichas innovadoras conductas" (*Atipicidad del contrato y esponsorización* – O patrocínio publicitário, p. 210).

[166] O nome de um contrato não é o único e, por vezes, nem sequer o melhor critério para interpretá-lo, pois o negócio vale pelo seu conteúdo; quando colidente com o nome escolhido, logicamente prepondera a substância e não a designação formal. Bem escreve Emanuela Giaccobe que "il nomen juris non assume invero una rilevanza decisiva nell´ambito dell´attività di individuazione e di qualificazione di un contratto, ne pare in grado di influenziare Il contenuto sostanziale e/o la disciplina applicabile ad un dato rapporto." (*Atipicità del contratto e sponsorizzazione*, p. 399).

[167] Em sede doutrinária, há eminentes autores que se valem dos termos "contrato nominado" e "contrato típico", como se sinônimos fossem. Em nosso sentir, os termos representam realidades distintas, de sorte que há contratos que são nominados, porém atípicos, como o patrocínio, a opção, o *counter-trade, naming rights,* etc.

[168] Como bem refere Emanuela Giaccobe: "[...] e in concreto accade spesse volte, che ciò che appare atipico rispetto ad un modello legale, si manifesti nella realtà dei rapporti come tipico e nominato. Si

É o caso do contrato de patrocínio, que é amplamente utilizado na vida contemporânea, a despeito de não ter merecido, ainda, a atenção devida do legislador brasileiro.

É difícil precisar o momento histórico justo em que surgiu a figura do contrato de patrocínio. Quanto à origem, em geral, a doutrina costuma apontar que ele deriva das mecenas, isto é, pequenas doações animadas pela boa vontade do sujeito, uma liberalidade em benefício de terceiros e da sociedade. O termo "mecenas" derivaria de Caio Mecenas, rico cidadão romano, ministro e amigo do imperador Augusto, que, por volta do ano 70 a.C., prestou auxílio a diversos escritores e artistas, simbolizando com tais atos o altruísmo de seu caráter.[169]

Emanuela Giaccobe irá afirmar que, na origem, aquilo que move o patrocinador a financiar atividade alheia é justamente o seu "*animo mecenatístico*", de sorte que o contrato se identifica com uma doação, já que sua causa é o espírito de liberalidade (contrato unilateral, por decorrência). Em um segundo estágio, observa-se um cambiamento do interesse do "doador", cujo objetivo passa a ser escutar em público a gratidão por parte do beneficiado. Ele mira o reconhecimento social, por isso a autora afirma que a doação, antes pura, torna-se modal. Por fim, como coloca a autora italiana, desaparece por completo o espírito de liberalidade e o *sponsor* será animado exclusivamente pelo interesse publicitário, o que irá permitir classificar o contrato como bilateral e oneroso.[170]

---

ha allora, la c.d. tipicità sociale, la quale è l'espressione della prassi contrattuale e trova uma puntuale individuazione nell'opera della dottrina, seguita, sia pure con minor prontezza, dalla giurisprudenza. [...] affinché possa ravvisarsi l'emersione di un tipo sociale, è necessario che si consolidi una prassi contrattuale, 'occorre che diversi individui riuniscano la propria azione e che da questa risulti un qualche prodotto nuovo', che abbia l'effetto di fissare ed ordinare dati modi di agire: un contratto, dunque, potrà dirsi socialmente tipico quando, per la sua frequenza e diffusione, abbia acquistato una fisionomia ben delineata." (Idem, p. 403).

[169] Pedro Alfonso Labariega Villanueva (*Atipicidad del contrato y esponsorización*, p. 220). Contudo, mesmo na Ilíada, poderia ser visualizado o patrocínio, uma vez que, nos versos 485 a 768 do livro segundo, existe minuciosa descrição de navios, que teriam sido elaborados para atender os apoiadores de Homero, que os fabricavam (Idem, p. 220).

[170] "Sotto l'influsso, o forse, dell'origine etimologica del termine, sono state enucleate tre fasi che avrebbero scandito la storia del contratto di sponsorizzazione, senza che, con il passaggio dall'una all'altra, la fase precedente venisse meno, avendosi dunque, allo stato attuale, tre distinte fattispecie negoziali mediante le quale il fenomeno sponsorizzazione può manifestarsi. All'origine ciò che spinge lo sponsor a finanziare l'attività altrui sarebbe il suo animo mecenatistico; il contratto si identifica con una donazione, essendo la sua causa lo spirito di liberalità. Succesivamente si sarebbe passati alla c.d. sponsorizzazione impropria o impura, percui allo spirito di liberalità, si aggiunge il desiderio che il beneficiario dell'altrui generosità manifesti in pubblico la sua gratitudine, passandosi cosí dalla donazione alla donazione modale. Da ultimo, lo spirito di liberalità viene del tutto a mancare, lo sponsor non si accontenta piú della mera esternazione della gratitudine, e dal canto suo lo Sponsorizzato, ben consciente del valore, anche e soprattutto, economico della propria notorietà, diventa, molto piú esigente, giungendosi alla fisionomia attuale della sponsorizzazione, che è quella di un contratto a prestazioni corrispettive a titolo oneroso." (*Atipicità del contratto e sponsorizzazione*: con particulare riguardo alla legge. *Rivista di Diritto Civile*, n. 223, p. 412-413, 6 ago. 1990).

Direito dos Contratos

85

O fato é que ele está presente em nossa vida comercial há décadas. E se insinua no cotidiano forense, ocasionando a necessidade dos Tribunais recorrerem aos tradicionais critérios de interpretação contratual para dar boa solução aos casos que lhe são apresentados.

O contrato de patrocínio atrai inúmeras áreas do direito. Pense-se, por ilustração, nos litígios da justiça laboral, nos quais uma parte alega que o contrato serve como disfarce de uma relação trabalhista.[171] Na seara tributária, é fundamental a diferenciação entre o patrocínio e a doação, para efeito de se calcular a extensão do benefício fiscal haurido pela pessoa que incentiva o esporte e a cultura, entre outras questões.[172] Essas e tantas outras projeções são igualmente relevantes. Entretanto, não serão trabalhadas no presente ensaio, o qual se ocupa do relacionamento interno entre os contratantes.

Portanto, o presente estudo aborda a recepção desse importante contrato no direito brasileiro, apresentando algumas de suas projeções na vida negocial, à luz do direito privado. Enfoca, precipuamente, os elementos que permitem a sua individualização, bem como os principais

---

[171] Por ilustração: "CONTRATO DE TRABALHO DE ATLETA PROFISSIONAL – DIREITO DE IMAGEM – Hipótese em que a mudança na forma de retribuição da imagem, inicialmente desvinculada da prestação da atividade laborativa do atleta profissional e realizada através do contrato de cessão de direito de imagem de natureza civil, com a inserção de novas cláusulas no contrato civil originário, a ampliar deveres e reduzir direitos, bem como a atrelar a retribuição à atuação profissional, atrai o princípio protetivo e as normas consolidadas para reconhecer a natureza salarial da 'imagem', nos exatos termos do art. 457 da CLT. Devida, no período em que os contratos civis visaram mascarar a natureza trabalhista da retribuição da imagem profissional do atleta, a correspondente integração da parcela em férias, 13º salários e FGTS. Recurso do reclamado provido parcialmente." (TRT 4ª R., 3ª T., Rel. Hugo Carlos Scheuermann, DJ 06.12.2005).

[172] Por exemplo: "TRIBUTÁRIO – CONSTITUCIONAL – CONTRIBUIÇÃO PREVIDENCIÁRIA – CLUBES DE FUTEBOL PROFISSIONAL – BASE DE CÁLCULO – RECEITAS DE PATROCÍNIO E PUBLICIDADE – INCONSTITUCIONALIDADE – LEI Nº 8.212/1991, ART. 22, § 6º; CF, ART. 195, INCISO I E § 4º – 1. A partir da Lei nº 9.528/1997, a contribuição previdenciária devida pelos clubes de futebol profissional deixou de incidir sobre a folha de salários, passando a recair sobre a receita bruta decorrente de espetáculos esportivos e de verbas de patrocínio, publicidade e licenciamento de uso de marcas e símbolos. 2. Segundo a redação original do art. 195 da Constituição Federal, a base de cálculo da contribuição a cargo da empresa incidia sobre a folha de salários, o faturamento e o lucro. Mesmo sob a ótica da equiparação entre faturamento e receita bruta proveniente da venda de mercadorias e serviços, considerada constitucional pelo STF, na ADC 1, não é possível alargar o conceito de faturamento, para que nele se incluam os valores recebidos em decorrência de contratos de patrocínio e publicidade, sob pena de violar o dispositivo constitucional. 3. A CF/1988 admite a instituição de outras fontes de custeio da seguridade social, além das mencionadas no inciso I do art. 195, de acordo com o § 4º desse dispositivo, porém exige o atendimento dos requisitos postos no art. 154, inciso I (veiculação por lei complementar, não cumulatividade e fato gerador e base de cálculo diversos das contribuições já previstas nos incisos do art. 195). Em se tratando de nova fonte de custeio – receitas de patrocínio e publicidade –, a contribuição dos clubes de futebol profissional não poderia ter sido criada por lei ordinária. 4. A Emenda Constitucional nº 20/1998, que considera todas as receitas do contribuinte como integrantes da base de cálculo das contribuições de Seguridade Social, inclusive receitas financeiras, não possui o condão de legitimar legislação anterior. Isso porque o ordenamento constitucional posterior não recepciona lei inválida, originalmente viciada por inconstitucionalidade. 5. Suscita-se o incidente de arguição de inconstitucionalidade do art. 22, § 6º, da Lei nº 8.212/1991, perante a Corte Especial." (TRF 4ª R., AC 2002.71.13.001664-1, 1ª T., Rel. Joel Ilan Paciornik, DE 20.10.2009).

deveres das partes e as cláusulas usualmente nele encontradas, a fim de demonstrar a importância do papel desempenhado pelo contrato neste momento histórico. Conclui chamando a atenção do intérprete para o adequado manejo do exercício jurídico, na aplicação concreta das cláusulas, salientando o dever de coerência das partes.

4.2. A caracterização do contrato de patrocínio

4.2.1. A identificação dos elementos característicos do contrato de patrocínio a partir de sua função jurídico-econômica

É sabido que uma das principais missões do contrato – provavelmente a principal – é potencializar o desenvolvimento econômico. Justamente em face dessa sua específica função, dentro do direito, costuma-se medir a importância social de cada contrato a partir dos benefícios que ele traz às pessoas, mediante a consideração da transferência e da geração de riquezas.

Em que pese inexistir lei específica sobre o contrato de patrocínio, a prática demonstra sua ampla utilização em solo brasileiro. As demais fontes jurígenas já se encarregaram se suprir o vazio legislativo, o qual em nada atrapalha a recepção desse modelo contratual no nosso País. Um passeio por alguns conceitos propostos pela doutrina permite identificar os principais traços do contrato de patrocínio, bem como alinhar a sua função jurídico-econômica.

Camilo Verde qualifica o patrocínio como "uma atividade que tende à difusão de uma mensagem publicitária por meio de um colegamento entre o nome ou a marca do patrocinador e um evento ou uma série de eventos, protagonizados por um ou mais sujeitos que não participam de seu quadro de pessoal".[173] Extrai-se dessa primeira citação dois elementos inafastáveis, quais sejam: a veiculação de publicidade de forma alternativa (fim) e mediante a utilização de terceiros que logram atingir o seu público consumidor (meio).

Igualmente didática é a definição de Francesco Galgano, quando indica que é "o contrato através do qual uma empresa (*sponsor*) com a finalidade de aumentar a notoriedade de seus signos distintivos entrega

---

[173] Tradução livre. No original: "La sponsorizzazione si è definita, quindi, come un´attività tesa alla difusione di un messagio pubblicitario attraverso un collegamento trai il nome o marchio dello sponsor ed un evento o una serie di eventi di cui è protagonista uno o più soggetti terzi rispetto ll´impresa".

Direito dos Contratos

uma quantidade de dinheiro, ou de bens ou serviços, ao organizador de manifestações desportivas ou de iniciativas culturais, de espetáculos televisivos, etc., ou de uma pessoa individual do esporte, do espetáculo (sponsorizado), para que este *publicite*, no momento previsto no contrato, os produtos ou a atividade da empresa".[174]

Como se observa, a notoriedade da marca irá depender fundamentalmente do sucesso da pessoa ou do evento patrocinado, criando o contrato, nessa linha, uma vinculação entre as imagens dos contratantes.

Essa coligação é o terceiro elemento relevante do patrocínio e vai permitir constatar a necessidade de que cada parte auxilie a outra no curso da execução do programa obrigacional. No conceito de Lina Mussumarra, essa característica fica clara, pois o contrato seria "uma particular forma de colaboração de caráter essencialmente promo-publicitário que se instaura entre um atleta esportivo e uma pessoa com finalidade e objeto social completamente diversos e que ocasiona a veiculação de um signo distintivo do *sponsor*, mediante remuneração".[175] Se ocorre falha no processo de colaboração de uma parte para com a outra, aumenta-se o risco do fracasso negocial. Veja-se o exemplo dos patrocinados que, olvidando essa íntima relação entre as imagens projetadas, adotam condutas manifestamente ofensivas ou desonrosas à luz da opinião pública. Fatalmente, o *sponsor* também será atingido por tais atos.

A definição da autora anteriormente citada também auxilia na compreensão da última característica fundamental do patrocínio, que é a autonomia que cada parte conserva na gestão de seu próprio negócio, uma vez que o objeto social e a área de atuação dos sujeitos são distintos. Os contratantes conservam plena autonomia para gerir as suas vidas, já que seu conhecimento técnico é distinto, de sorte que não deve ser cogitada a ingerência de um na atividade do outro. Quando presente um vínculo de subordinação, o relacionamento comercial é desnaturado, abrindo a possibilidade de ser caracterizada, inclusive, uma relação de emprego mascarada.

---

[174] Tradução livre. No original: "El contrato por el que un empresario, espónsor, con la finalidad de aumentar la notoriedad de sus signos distintivos, entrega una cantidad de dinero, o de bienes y servicios, al organizador de manifestaciones deportivas o de iniciativas culturales, de espectáculos televisivos, etc., o de un personaje individual del deporte, del espectáculo (esponsorizado), para que éste publicite, en el modo previsto en el contrato, los productos o la actividad del empresario" (*Apud* Maulen, p. 45).

[175] Tradução livre. No original: "Prima di analizzare la natura giuridica del contratto di sponsorizzazione sportiva si può affermare che la sua funzione principale consiste in una particolare forma di collaborazione a carattere promopubblicitario che si instaura tra un soggetto sportivo e un ente, denominato sponsor, avente di solito finalità ed oggetto sociale diversi, e che si estrinseca nella veicolazione di un segno distintivo dello sponsor da parte del soggetto sportivo, a fronte di un corrispettivo".

Nesse sentido, na medida em que cada parte é livre para a condução de sua atividade própria, torna-se a única responsável, à luz do direito, pela reparação de eventuais danos reclamados por terceiros. Como regra geral, nem o patrocinador responde pelo ilícito praticado pelo patrocinado, tampouco este irá prestar contas sobre os fatos realizados por aquele. Nesse sentido, se mostra correta a decisão do Tribunal de Justiça do Estado do Rio Grande do Sul, que entendeu inviável a condenação da empresa patrocinadora de um evento esportivo, em razão da queda de uma arquibancada, que lesionou pessoas. É que a empresa, enquanto mera patrocinadora, nenhuma ingerência possui na organização do evento, que fica a cargo de outra sociedade.[176]

Sintetizando os conceitos trabalhados, Emanuela Giacobbe ensina que, em substância, "mediante o contrato de patrocínio se objetiva criar um 'colegamento', mais ou menos estreito, entre uma empresa (*sponsor*) e um evento (ou uma atividade) de natureza variada, o qual apresenta como característica constante não ser um veículo publicitário tradicional, com o objetivo de promover o nome, a marca e outros atributos do *sponsor*".[177] O contrato, portanto, emerge como uma figura pela qual a pessoa contribui, de diversas maneiras, para a realização de uma determinada atividade ou evento atraente, aprimorando assim sua imagem perante o público atingido pelo evento.[178] Em face dessas características, Giacobbe alcança o seguinte conceito: "é o contrato em virtude do qual uma parte (*sponsor*) se obriga a uma prestação pecuniária ou mesmo a fornecer bens e/ou serviços para a outra, o *sponsee*, que pode ser uma pessoa determinada, uma sociedade, um ente, um comitato, etc., a qual, por sua vez, se obriga a veicular o nome ou um sinal distintivo do *sponsor* nas várias manifestações de sua atividade".[179]

---

[176] TJRS, AC 70003966025, 10ª C.Cív. Rel. Des. Jorge Schreiner Pestana, J. 26.06.2003.

[177] Tradução livre. No original: "Nella sostanza, come emerge anche dalla definizione richiamata, mediante il contratto di spinsorizzazione si tende a creare un collegamento, più o meno stretto, tra un'impresa, lo sponsor, ed un evento (o un'attività) di varia natura, il quale presenta come caratteristica costante quella di non essere un veicolo pubblicitario tradizionale, allo scopo di promuovere il nome, il marchio, e così via dicendo, dello sponsor." (op. cit., p. 408).

[178] Avança Giacobbe: "Il contratto di sponsorizzazione emerge come contratto mediante il quale un'impresa contribuisce in vario modo alla realizzazione o svolgimento di una determinata attività od evento, che possiede, per caratteristiche sue proprie, elementi di attrattiva ed interesse, al fine di creare un collegamento tra l'evento stesso e la propria immagine o i propri segni distintivi, per favorirne e migliorarne la divulgazione." (Idem, p. 411).

[179] Tradução livre. No original: "Il contratto di sponsorizzazione può pertanto essere definitivo, in via generale ed onnicomprensiva di tutte le ipotesi particolari, con quel contratto in virtù del quale una parte, lo sponsor, si obbliga ad una prestazione pecuniaria ovvero alla fornitura di beni e/o servizi, nei confronti dell'altra, lo 'sponsee', che può essere un singolo, una società, un ente, un comitato e così via, la quale, a sua volta, si obbliga a veicolare il nome o un segno distintivo dello sponsor nelle varie estrinsecazioni della propria attività." (Idem, p. 412).

Direito dos Contratos

À luz dessas definições, colhidas por amostragem na doutrina estrangeira, podem ser visualizados seus elementos individualizadores: (a) a finalidade publicitária; (b) a realização dessa publicidade por meio de pessoas estranhas à empresa beneficiada; (c) a coligação entre a imagem dos sujeitos; e (d) a autonomia própria de cada parte, na condução de suas ações. Ao lado dessas quatro características, constata-se a exigência de colaboração para que o contrato alcance sucesso. Faltando qualquer desses elementos, dificilmente a relação negocial poderá ser enquadrada no patrocínio.

Com efeito, a simples contribuição para a realização de um evento ou para o sucesso de uma pessoa não indica a existência do contrato de patrocínio. Isso vale tanto para as relações de afeto, em que ausente o ânimo de constituir relações jurídicas sérias, quanto para as liberalidades praticadas pelas pessoas em favor de terceiros. Ou seja, nem a mãe que subsidia a prática desportiva do filho, nem a empresa que entrega voluntariamente uma quantia para que se torne possível a participação de uma pessoa em uma competição celebram contratos de patrocínio. É necessário existir a vontade de promoção publicitária.

Essa é a nota que irá separar o contrato de patrocínio do contrato de doação. Neste, existe o *animus donandi*, que é ausente naquele. Quem doa não pretende retirar vantagem publicitária relevante. Já o patrocinador, se ausente a vantagem publicitária, não encontra qualquer satisfação com o contrato. A relação, nessa última hipótese, é bilateral, pois cada parte retirará benefício da atuação alheia.

Em face dessa distinção, a lei brasileira, que regula benefícios fiscais para os apoiadores da cultura e do esporte, se vale de conceitos diversos para um e outro fenômeno. Veja-se, por exemplo, a Lei nº 8.313/1991 (Lei Rouanet), que autoriza deduções do Imposto de Renda das parcelas direcionadas ao Fundo Nacional de Cultura e a projetos culturais, nas seguintes áreas: "artes cênicas, livros de valor artístico, literário ou humanístico, música erudita ou instrumental, exposições de artes visuais, doações de acervos para bibliotecas públicas, museus, arquivos públicos e cinematecas, bem como treinamento de pessoal e aquisição de equipamentos para a manutenção desses acervos, produção de obras cinematográficas e videofonográficas de curta e média metragem e preservação e difusão do acervo audiovisual, preservação do patrimônio cultural material e imaterial, construção e manutenção de salas de cinema e teatro, que poderão funcionar também como centros culturais comunitários, em Municípios com menos de 100.000 (cem mil) habitantes".[180]

---

[180] Atividades referidas no art. 18 da mencionada lei.

Segundo o art. 23, "para os fins desta lei, considera-se: [...] II – patrocínio: a transferência de numerário, com finalidade promocional ou a cobertura, pelo contribuinte do imposto sobre a renda e proventos de qualquer natureza, de gastos, ou a utilização de bem móvel ou imóvel do seu patrimônio, sem a transferência de domínio, para a realização, por outra pessoa física ou jurídica de atividade cultural com ou sem finalidade lucrativa prevista no art. 3º desta lei".

Com efeito, a finalidade promocional, aludida na norma, é ínsita ao patrocínio e, quando ausente, permitirá a caracterização de uma mera doação, cujo tratamento legal é mais favorável ao interessado.

Naquilo que interessa ao ponto, é idêntico o regramento da lei de incentivo ao esporte (Lei nº 11.438), a qual considera patrocínio a transferência gratuita, em caráter definitivo, ao proponente de numerário para a realização de projetos desportivos e paradesportivos, com finalidade promocional e institucional de publicidade. Já a doação, também engloba uma "transferência gratuita", porém, "desde que não empregados em publicidade, ainda que para a divulgação das atividades objeto do respectivo projeto". Não há, portanto, como se baralhar os institutos, que são motivados por diversos interesses.

A nota que separa o patrocínio de outros contratos publicitários é a utilização de pessoas estranhas à vida das empresas e que possuem identificação com o seu público consumidor. Não se trata simplesmente de contratar um ator para uma campanha específica, mas sim de fomentar uma atividade artística, esportiva, televisiva, enfim, um evento que, sem o apoio do *sponsor*, dificilmente conseguiria ser realizada com êxito. O público é atingido pela mensagem de que tal evento, que lhe transmite sensação de prazer e de realização, apenas foi possível graças à contribuição do *sponsor*. Quando essa sensação se confirma, o contrato atinge plenamente o seu objetivo.

A publicidade, como referido, terá características próprias, bem sintetizadas por Pedro Alfonso Labariega Villanueva: "1. A duração, frequência e a intensidade da mensagem não dependem diretamente do patrocinador, mas exclusivamente das alternativas próprias do evento esportivo ou cultural patrocinado; 2. O conteúdo das mensagens é extremamente concentrado. Usualmente, se limita à marca, a um logotipo ou denominação da empresa; 3. O controle da mensagem pelo patrocinador é mais limitado do que a publicidade tradicional; 4. A potencialidade de atrair a atenção do público é mais elevada que a da publicidade tradicional; 5. Não existe uma direta identificação da fonte da mensagem".[181]

---

[181] No original: "¿Cuáles son las peculiaridades de esta forma de comunicación? 1. La duración, frecuencia y aun intensidad del mensaje no dependen directamente del patrocinador, sino exclusivamen-

Por tais razões, a doutrina alude à existência de uma publicidade "alternativa" ou "indireta".[182]

Do que foi exposto, restam evidenciadas as quatro notas características do patrocínio: (a) o intuito publicitário; (b) a veiculação da mensagem por meio de terceira pessoa-evento; (c) coligação entre a imagem dos contratantes; e (d) a autonomia que cada um conserva no desenvolvimento de suas atividades próprias.

Esses elementos individualizadores permitem concluir que o patrocínio vive no direito brasileiro, malgrado nosso sistema não contemplá-lo no plano legislativo. Nada impede, assim, que as pessoas dele se valham. A despeito de atípico, no sentido técnico, o contrato é nominado e goza de tipicidade social.

4.2.2. Abordagem dos principais deveres das partes

A consideração dos elementos identificadores do contrato de patrocínio, bem como o interesse que guia a aproximação negocial, permitem a apresentação dos principais deveres assumidos pelas partes, com a formação do vínculo. Tendo em vista que o programa obrigacional é complexo, englobando uma série de deveres, prerrogativas, sujeições, expectativas, ônus que condicionam o exercício jurídico, de forma alguma o presente tópico apresentará um elenco taxativo. Tantos outros deveres, oriundos da estrutura contratual e da incidência dos princípios da função social (art. 421 do CCB) e da boa-fé (art. 422 do CCB), poderão ser identificados a partir da consideração de uma relação obrigacional concreta.

Na redação do presente tópico, utilizam-se três classes de deveres: (a) principais; (b) acessórios ou secundários; e (c) laterais, de acordo com o didático critério apresentado por Mário Júlio de Almeida Costa.[183] Os deveres principais (ou primários) constituem a "alma da relação obrigacional, em ordem ao conseguimento do seu fim. Daí que sejam eles que

---

te de las alternativas propias del evento deportivo o cultural patrocinado. 2. El contenido del mensaje es extremadamente concentrado. Usualmente se limita a la marca, un logo o denominación de la empresa. 3. El control del mensaje por el patrocinador es más limitado que la publicidad tradicional. 4. La potencialidad de atraer la atención del público es más elevada que la de la publicidad tradicional." (Op. cit., p. 222).

[182] Por ilustração, Guilherme Porto considera o patrocínio "como um contrato de publicidade indireta, pois através do patrocinado, e não pela própria empresa, que se irá ter conhecimento do produto ou da própria companhia, ele é que irá repassar ao consumidor a imagem de que determinada empresa está tornando possível a realização de determinado evento." (*Contrato de patrocínio*, p. 154).

[183] *Direito das obrigações*. 8. ed. Coimbra: Almedina, 2000.

definem o tipo do contrato".[184] Os secundários instrumentalizam a prestação, preparando o cumprimento, ao passo que os laterais derivam da boa-fé, de cláusula contratual ou da lei e "já não interessam diretamente ao cumprimento da prestação ou dos deveres principais, antes ao exacto processamento da relação obrigacional, ou, dizendo de outra maneira, à exacta satisfação dos interesses globais envolvidos na relação obrigacional complexa".[185] Essa classificação se mostra extremamente útil para regular as relações entre as partes, pois parte do pressuposto de que o vínculo não é estático (credor e devedor), mas sim dinâmico com a consideração de vários interesses gerados pela aproximação negocial.[186]

O perfeito adimplemento do contrato de patrocínio depende de uma coordenação de esforços entre as partes. Valendo-se da lição de François Ost, "mais do que a estrita comutação de dívidas recíprocas, a cooperação e a participação serão a regra", uma vez que toda forma de contrato representa um modelo de aliança com vistas ao interesse comum das partes e que implica o mínimo de solidariedade entre elas.[187]

De toda sorte, o principal dever assumido pelos sujeitos parece claro.

De um lado, compete ao patrocinado envidar os seus melhores esforços para viabilizar a adequada divulgação da marca do *sponsor*. Engloba, como salienta Camillo Verde, comportamentos negativos e positivos; pois, de um lado, se limita a consentir a vinculação de sua figura ao nome--imagem do *sponsor* e, de outro, a desempenhar as atividades necessárias para a veiculação da imagem do patrocinador. Sem esses dois nortes, o contrato não teria sido formado, pela ausência de causa.[188]

---

[184] *Direito das obrigações*. 8. ed. Coimbra: Almedina, 2000. p. 65.

[185] Idem, p. 66.

[186] "Corresponde à orientação clássica, de fundo romanístico, a perspectiva da obrigação que se esgota no dever de prestar e no correlato direito de exigir ou de pretender a prestação. Todavia, a doutrina moderna, sobretudo por mérito de autores alemães, evidenciou a estreiteza de tal ponto de vista e a necessidade de superá-lo. Desde modo, numa compreensão globalizante da situação jurídica creditícia, apontam-se, ao lado dos *deveres de prestação* – tanto *deveres principais de prestação*, como *deveres secundários* –, os *deveres laterais* (*nebenpflichten*), além de *direitos potestativos, sujeições, ónus jurídicos, expectativas jurídicas*, etc. Todos os referidos elementos se coligam em atenção a uma identidade de fim e constituem o conteúdo de uma relação de carácter unitário e funcional: a *relação obrigacional complexa*, ainda designada *relação obrigacional em sentido amplo* ou, nos contratos, *relação contratual*." (Op. cit., p. 63).

[187] "Le contrat d'association ou d'enterprise pourrait servir ici de modèle, dês lors que la poursuite d'un intérêt commun en constitue la finalité principale; coopération et participation en sont la règle plutôt que la stricte commutation de dettes réciproques. Toute forme de contrat représente, pourrait-on dire, un modéle réduit de ce type d'alliance vouée à l'intérêt commun des parties et impliquant un minimum de solidarité entre les partenaires. L'analyse économique elle-même ne dément pas cette analyse d'inspiration éthique: les économistes aussi ont montré les avantages, tant individuals que collectives, de cette forme de collaboration durable que cherche à maintenir l'utilité économique de l'accord (son sens pour chacune des deux parties) plutôt qu'à maximiser le gain imméditat d'un des partenaires." (*Le temps du droit*. Paris: Editions Odile Jacob, 1999. p. 241)

[188] *Il Convegno di Parma Sulla Sponsorizzazione*, p. 382.

Direito dos Contratos

Na lição tradicional, o patrocinado assume uma obrigação de meio, de sorte que não se responsabiliza pelo pleno êxito de sua atividade-fim e pelo retorno publicitário. Essa é uma nota presente em qualquer espécie de patrocínio.

Como coloca Marlen, "qualquer que seja a classe do contrato de patrocínio, o patrocinado em nenhum caso assume o compromisso de alcançar um retorno publicitário eficaz e concreto. A finalidade do contrato, a união com fins comerciais da imagem e o nome de ambos os contratantes para alcançar um retorno de publicidade fica fora das obrigações do patrocinado, no sentido de que sua obrigação não vai ao ponto de obter efetiva publicidade; só a realização da obrigação a que prometeu, através da qual se pretende conseguir o retorno publicitário para o *sponsor*".[189]

Essa constatação motiva alguns doutrinadores, como Antonello Martinez, a qualificar o contrato como aleatório, sob o ponto de vista econômico. Não sob o ponto de vista técnico-jurídico. Essa posição está correta, em nosso sentir. A incerteza do retorno publicitário não é suficiente para caracterizar o contrato como aleatório. Afirma o citado autor que a prestação principal do patrocinado, ainda que varie e seja eventualmente genérica, é sempre determinável e jamais incerta, e isso permite, sem dúvida, qualificar o contrato como comutativo.[190]

Com efeito, salvo situações excepcionais, que podem ser configuradas a partir de usos e costumes de um nicho muito específico do mercado ou mediante extrema valoração da autonomia privada, a regra é que o patrocinado não responde pelo resultado.

Quanto à classificação de obrigações de meio e de resultado, em face da complexidade do vínculo obrigacional, em nosso sentir, o ideal seria, primeiro, identificar os deveres das partes, para – em um segundo momento – deliberar quanto ao seu melhor enquadramento (se "obrigação de meio" ou "de resultado"). Por ilustração, nada impede que o contrato preveja dever específico do patrocinado de expor a logomarca do patrocinador em todas as entrevistas que conceder à televisão. Ou que exista previsão contratual dando conta da necessidade do patrocinado prestigiar determinado evento organizado pelo patrocinador. Nessas hipóteses, a classificação tradicional não oferece resposta satisfatória para a resolução

---

[189] Op. cit., p. 75.

[190] No original: "La prestazione principale dello sponsorizzato, se pure varia e a volte generica, è sempre determinabile e mai incerta e ciò consente, senza dubbio, di qualificare il contratto di sponsorizzazione come commutativo e di escluderne l'aleatorietà in senso tecnico, che al massimo può essere solo eventuale e riguardare solamente circostanze marginali o prestazioni accessorie come i casi, per esempio, in cui lo sponsor promette dei premi e delle maggiorazioni dei corrispettivi in caso si verifichino eventi incerti come la vittoria in campionato o un incremento delle vendite dei prodotti pubblicizzati per mezzo della sponsorizzazione stessa" (*Contratto di sponsorizzazione e cessione d'immagine in ambito sportivo*. Aspetti civilistici e profili di comparazione, p. 361-362).

de litígios, pois, ao lançar mão de uma vaga conclusão, no sentido de que o patrocinado assume "obrigação de meio", não conseguirá açambarcar a riqueza da vida negocial e dos deveres especificamente criados.

O mesmo raciocínio vale para o *sponsor*, o qual assume uma série de deveres de resultado, a começar pela entrega da prestação prometida, na forma estipulada no contrato. Outros deveres, como divulgar o nome e a imagem do patrocinado, podem ser catalogados como de meio.

Contudo, em que pese a análise do resultado concretamente obtido, seja do evento, seja do efetivo retorno publicitário, não ser relevante (como regra geral), ele poderá servir para iluminar a discussão quanto à atuação específica do patrocinado. De Nova lembra o caso de uma equipe de basquete italiana, que opta por priorizar outras competições, escalando apenas reservas e nenhum dos astros estrangeiros no certame patrocinado por determinada empresa. Diante da campanha pífia, constituída apenas por derrotas, reclama o patrocinador indenização e obtém êxito parcial, com a redução do montante contratual em mais de 50% diante dessas circunstâncias específicas. Afirmou a Corte Arbitral que "la causa del contrato di sponsorizzazione, il cosidetto retorno pubblicitario non comporta un´obbligazione di risultato, non richiede, cioè, il raggiungimento di prestazioni determinate. Ma poi si releva, nel caso di specie, che non è trattato di un risultato sportivo parzialmente insoddisfacente ma di una vera e propria débâcle". Ou seja, conquanto a obrigação seja de meio e não vincule qualquer das partes ao resultado, se mantém íntegro o dever do patrocinado de envidar seus melhores esforços para que a chance de obtenção de bons resultados seja ampliada.

De outro, competirá ao *sponsor* alcançar ao patrocinado aquilo que foi acordado contratualmente. Como regra, ocorre a outorga de quantia em dinheiro. Contudo, nada impede que sejam acordados outros meios alternativos, como o fornecimento de matérias-primas, *marketing*, treinamento etc. Desde que passíveis de qualificação patrimonial, a natureza do contrato será atendida. Pela autonomia privada, as partes serão livres para convencionar a melhor forma de efetuar o intercâmbio econômico.

O Tribunal de Justiça do Rio Grande do Sul teve a oportunidade de analisar pretensão indenizatória dirigida contra o patrocinador. No caso, como consta no acórdão, "o contrato de patrocínio havido entre as partes previa o fornecimento de bebidas de fabricação da demandada, a fim de que esta divulgasse a sua marca no veículo de comunicação da parte autora, sendo que a entrega do produto se dava sem qualquer ônus, com intuito de que revertesse este investimento na captação de clientes". Na data do evento, contudo, a espumante refrigerada não foi fornecida pela patrocinadora, o que motivou a demanda, julgada procedente para repa-

Direito dos Contratos
95

ração de danos patrimoniais, bem como danos morais em razão do abalo da imagem da patrocinada perante seu público (foi destacado o "vexame que a demandante passou, na condição de organizadora de evento, com a falta de bebidas, as quais deveriam ter sido entregues pela ré").[191]

Ao lado desses deveres, surgem outros que maximizam a utilidade obrigacional. É o caso do dever de aparecer em eventos festivos ou beneficentes, usualmente acordado em contratos que envolvem pessoas públicas, as quais despertam amplo interesse da mídia. Essa luminosidade, alcançada mercê de seu talento, irá atingir também os seus patrocinadores, maiores interessados na proximidade com a vedete.

De seu turno, a instrumentalização do contrato depende do cumprimento de outros deveres, aqui denominados de secundários, na medida em que se relacionam com os deveres principais. Existem aqueles, para que estes consigam ser atingidos. É o caso da prestação de contas, da transmissão de dados para a elaboração de material publicitário, da prévia requisição dos materiais necessários, da informação acerca dos custos que envolvem o perfeito adimplemento, para que sejam suportados pelo *sponsor*, quando acordado. Enfim, é dever dos contratantes dar ciência dos fatos que possam influenciar o cumprimento do contrato.

Tendo em vista que o contrato envolve uma carga maior de solidariedade, é natural que o adimplemento dos deveres principais dependa do cumprimento de deveres secundários da contraparte, em muitas oportunidades. A perfeita prestação do *sponsor*, por exemplo, necessita do auxílio do patrocinado no fornecimento de dados necessários para aquela. Veja-se o exemplo de uma festa, cujo número de pessoas é incerto, ou uma competição esportiva que possua regras específicas quanto à exploração de marcas. Em ambas as hipóteses, compete ao interessado transmitir a informação adequada ao par, para que ele consiga providenciar a melhor prestação.

---

[191] TJRS, AC 70028211043, 5ª C.Cív., Rel. Jorge Luiz Lopes do Canto, J. 11.02.2009. O seguinte trecho da ementa desenvolve a natureza do contrato de patrocínio e sua recepção no direito brasileiro: "Em que pese à inexistência de um contrato escrito, as provas carreadas aos autos, tais como, por exemplo, as contratações anteriores, indicam a existência de um contrato de patrocínio entre as partes. Frise-se que o Código Civil brasileiro não faz previsão a um contrato típico denominado Contrato de Patrocínio, deste modo, a lei não faz exigências no que se refere à forma de contratação, sendo descabida a alegação da recorrente de que a ausência de um contrato escrito afasta a configuração deste. Inteligência do art. 107 do CC. No caso em exame, o acerto realizado entre a empresa demandante e o representante da ré era o fornecimento de determinada quantidade de bebidas em troca de publicidade, tanto no evento quanto nas publicações da apelada. Patrocínio pode ser definido como o fornecimento de recursos, materiais ou financeiros, para a organização e realização de um evento ou atividade, por meio do qual se pretende obter benefícios comerciais. Oportuno destacar que este tipo de contratação se mostra benéfica para ambas as partes, isto é, tanto o patrocinador quanto o patrocinado são favorecidos neste tipo de acerto".

Por fim, como em qualquer negócio jurídico, surgem os deveres anexos, que encontram sua fonte na boa-fé objetiva. A aproximação negocial serve de base para a criação de uma série de deveres que não se relacionam diretamente com os deveres principais ou secundários, mas cujo adimplemento irá impactar na utilidade do contrato. De nada adiantará para a parte observar o pontual cumprimento da avença, se o seu parceiro negocial, ainda que por ato alheio ao programa contratual, ocasionar-lhe prejuízos graves.

É sabido que uma das funções do princípio da boa-fé é a criação de deveres para as partes. Na relação de patrocínio, especial atenção merece o dever de fidelidade, pois é intensa a relação fiduciária que se estabelece entre os contratantes.[192] A imagem que uma parte assume perante o público reverte em proveito do outro parceiro. Em contrapartida, o comportamento inadequado de um sujeito gera efetivos nocivos para o par, o que justifica, em alguns casos, a resolução do contrato. Vejam-se os casos, amplamente noticiados na imprensa, de campeões olímpicos envolvidos com drogas ou comentários homofóbicos, bem como atletas acusados de crime hediondo.[193] Quando esses fatos sucedem, o grande escopo do patrocínio não é alcançado. Ou pior: o contrato gera uma péssima publicidade para o patrocinador, o qual tem a sua imagem ligada à conduta de seu parceiro. É por essa razão que se afirma que cada pessoa deve zelar pela imagem do par, abstendo-se da prática de atos que o prejudiquem comercialmente.

Digno de nota que alguns deveres irão perdurar para além do adimplemento. É o caso do sigilo em relação às informações confidenciais recebidas pela aproximação negocial e a própria fidelidade, no sentido de ordenar a abstenção da prática de atos que possam gratuitamente atingir o antigo parceiro, retirando parcela da satisfação antes obtida com o programa obrigacional.[194]

---

[192] Muito bem observado por Antonello Martinez, "il contratto di sponsorizzazione infatti è prima di tutto caratterizzato da un forte rapporto fiduciario, da uno stretto legame tra le parti dovuto all´inevitabile e ricercata interferenza d´immagine che con tale accordo si realizza. Infatti l´azienda sponsor, utilizzando come veicolo pubblicitario un soggetto sportivo, lega inscindibilmente la sua immagine a quella dello sponsorizzato, con la conseguenza, quindi, che il risultato di questa operazione in termini di ritorno pubblicitario risulterà fortemente condizionata, in senso positivo o negativo, dalle vicende sportive ed extrasportive dello sponsorizzato, sulle quali però lo sponsor non ha alcuna possibilità di ingerenza e controllo" (Op. cit., p. 356).

[193] Entre fartos casos, registre-se: <http://esporte.uol.com.br/natacao/ultimas-noticias/2010/09/07/musa-da-natacao-perde-patrocinio-e-carro-por-frase-homofobica-no-twitter.jhtm>; <http://oglobo.globo.com/rio/mat/2010/07/07/olympikus-rompe-contrato-com-goleiro-bruno-917095700.asp>; <http://www.clicrbs.com.br/esportes/rs/noticias/default,2395695,Michael-Phelps-e-suspenso-por-tres-meses-por-uso-de-maconha.html>. Acesso em: 22 fev. 2011.

[194] Sobre a projeção de deveres para além do adimplemento, vide o trabalho de Antonio Menezes Cordeiro: Da pós-eficácia das obrigações. In: *Estudos de direito civil*. Coimbra: Livraria Almedina, v. I, 1994, p. 143-197.

Direito dos Contratos

Além dos deveres apontados no tópico, poderão ser visualizados outros tantos, diante da consideração da especificidade de cada relação contratual, que deve ser cotejada com os elementos característicos do patrocínio, os quais, como antes referido, asseguram a sua autonomia no mundo dos contratos.

4.3. A coerência no exercício das posições contratuais

4.3.1. Análise das cláusulas típicas no contrato de patrocínio

A ausência de regramento legal específico, no direito brasileiro, não impede a identificação dos principais deveres assumidos pelos contraentes, como se viu no ponto anterior. De igual sorte, o vácuo legislativo não prejudica a utilização de cláusulas típicas, as quais são observadas na vasta maioria dos contratos de patrocínio. O ponto presente indicará suas principais cláusulas, enfocando a sua utilidade para a satisfação dos sujeitos. A ordem escolhida para a sua apresentação não deixa de ser aleatória, pois a importância de cada qual dependerá do negócio concretamente analisado.

Inicialmente, seria importante ultrapassar uma questão preliminar: o contrato de patrocínio é solene? Caso a resposta seja positiva, as relações sociais que se aproximam, pela estrutura, deste contrato não poderão ser dirimidas à luz de seus princípios, quando não formalizadas pela escrita. Contudo, se o intérprete se posicionar pela negativa, a formatação do contrato poderá ser idealizada por qualquer via que ateste o encontro de vontades. Em nosso sentir, essa segunda posição é a mais correta, pois inexiste qualquer fonte do direito que imponha sua forma escrita. Vale a regra do art. 107 do CCB, pela qual, quando inexistente determinação legal por uma forma especial, a sua formação é livre.[195] Logicamente, a imensa maioria dos contratos de patrocínio dar-se-á por escrito, como é observado na prática, o que não deixa de ser uma garantia para as partes envolvidas. Daí o interesse no presente tópico.

Tendo em vista que a causa do contrato gravita em torno da exposição da marca do patrocinador, por meio da atuação do cocontratante, é conveniente a inserção de cláusula, disciplinando, ao menos em linhas gerais, aquilo que dele se espera concretamente. Quando prevista, ela poderá auxiliar a resolução de grande parte das discussões travadas diante

---

[195] Art. 107 do CCB: "A validade da declaração de vontade não dependerá de forma especial, senão quando a lei expressamente a exigir".

do pretenso adimplemento defeituoso. É deveras complicado para um magistrado valorar a adequada exposição da marca, pois essa é uma tarefa que incumbia às próprias partes, quando da aproximação negocial. À míngua de critérios objetivos, que pautem a análise judicial, remota será a chance de êxito do lesado. Daí a importância de introduzir no contrato ao menos dados objetivos que pautem o trabalho do intérprete.

O Tribunal de Justiça do Rio Grande do Sul justificou a improcedência da demanda indenizatória, deduzida em virtude na parca exposição da marca da patrocinadora, justamente pela ausência de disposição contratual que expressasse a "dimensão em que deveria ser feita a exposição dos patrocinadores". O mesmo julgado considerou inviável debater a desproporcionalidade da contraprestação livremente convencionada pelas partes.[196] Com efeito, na formatação do contrato, a inserção de deveres específicos serve tanto para que as partes tenham noção daquilo que delas se esperam, bem como para guiar o trabalho de interpretação.

Outrossim, é extremamente importante a previsão de exclusividade, a qual não se presume. Quando se fala em exclusividade, não se está simplesmente referindo a proibição do patrocinado de firmar vínculos jurídicos com pessoas que atuam no mesmo nicho de mercado do *sponsor*: seus concorrentes. Esse é um dever ínsito ao contrato e que deriva de sua natureza e da boa-fé, razão pela qual dificilmente poderá ser afastado. A cláusula de exclusividade diz respeito à possibilidade ou não do evento (atleta, artista, etc.) contar com outros patrocinadores, que atuam em ramos diferentes do mercado. A regra é justamente que a existência de múltiplos patrocinadores não comprometa o alcance da satisfação dos contraentes. Por isso, a experiência demonstra que grandes obras, esportistas, espetáculos, artistas dependem, para o seu sucesso, de diversos colaboradores, os quais não são prejudicados pela existência dos demais. O normal, dentro desse cenário, é a liberdade para encontrar o maior número possível de patrocinadores, desde que eles atuem em ramos distintos e que entendam que a atuação do patrocinado possa aprimorar sua imagem.

Nada impede, entretanto, que haja um patrocinador exclusivo. Todavia, nesses casos, o mais correto é a utilização da "cláusula de exclusividade", para se evitar qualquer debate futuro quanto à extensão do ajuste. Dois efeitos decorrem dessa exclusividade e que usualmente maximizam a utilidade do contrato: o patrocinado fará jus a uma remuneração mais alta, visto que abrirá mão de qualquer outra fonte de receita a título de patrocínio; o patrocinador, de seu turno, não compartilhará a sua imagem com outros agentes, obtendo uma exposição ainda maior de seu nome.

---

[196] AC 70033434713, 15ª C.Cív., Rel. Otávio Augusto de Freitas Barcellos, J. 05.05.2010.

Direito dos Contratos

Não se mostra ilícita, no plano abstrato, a inclusão de cláusula privando a parte de celebrar certos contratos, durante determinado período, com outros sujeitos, especialmente os concorrentes. É que a forte identificação, gerada pelo patrocínio, justifica a parcial limitação negocial futura. De nada adiantaria ao sujeito, se, após finalizado o vínculo, o seu par entabulasse negociação com terceiro concorrente, o qual lograria, pela contratação futura e imediata, melhorar sua posição em detrimento do antigo contratante. A estrada é de mão dupla, de sorte que a vedação pode ocorrer tanto em face do *sponsor*, quanto do patrocinado. Quando presente essa proibição, a doutrina costuma qualificar a cláusula como de não concorrência.

No mesmo sentido, é razoável estabelecer o pacto de preferência. Ou seja, o direito de renovação do vínculo, em igualdade de condições com a oferta de terceiro, é compatível com a estrutura do contrato de patrocínio. Nele, ambas as partes somam esforços para alcançar objetivos particulares, que dependem da atuação e do sucesso do par. O razoável é que o contrato traga benefícios para ambos os parceiros e crie junto ao público uma aproximação entre a imagem das partes. Quando o patrocínio acaba, pode ser transmitida ao público uma ideia de ruptura, a qual não coincide com o escopo do contrato. Para prevenir – ou minimizar – esse risco, válida se mostra a utilização do direito de preferência.

Outra cláusula frequentemente utilizada é a que impõe sigilo em relação à parcela das informações recebidas pela aproximação negocial. Em todo negócio jurídico – ainda que a escala varie por uma série de fatores –, um contraente acaba por ser cientificado da realidade alheia e frequentemente tem acesso a informações que podem ser valiosas. Pense-se nos estudos para a colocação de um produto no mercado ou para a atração de consumidores pela seleção das melhores técnicas de *marketing*. Por um lado, não parece possível privar qualquer das partes de se utilizar na vida prática de todas as informações obtidas no relacionamento. Por outro, contudo, a divulgação de alguns dados transmitidos em razão da formação do contrato pode ser nociva, especialmente quando aproveitada pelos concorrentes no mercado.[197] Em face dessa realidade, é conveniente limitar a exposição dos dados mais relevantes por meio da utilização das cláusulas de confidencialidade.

Embora eventual litígio possa ser dirimido com apelo à jurisdição tradicional, é comum a inserção da cláusula compromissória para a incorporação dos benefícios práticos da via arbitral. No nosso país, algumas

---

[197] Pela incidência da boa-fé objetiva (art. 422 do CCB), é admissível a projeção do dever de sigilo, em algumas hipóteses específicas, para antes da formação do vínculo e mesmo após a sua extinção, por meio das figuras da responsabilidade pré e pós-negocial.

circunstâncias ainda travam o amplo aproveitamento desse mecanismo alternativo de resolução das controvérsias. Entre outras, residem a formação cultural das pessoas, o alto custo, a recente base legislativa, bem como o pouco conhecimento dos profissionais das carreiras jurídicas, alguns dos quais nutrem sérias restrições (e preconceitos) com a arbitragem. Com o reconhecimento de sua constitucionalidade, após complexo julgamento do Supremo Tribunal Federal decidido por mínima diferença de votos, espera-se que a via arbitral seja estimulada no solo brasileiro.[198]

De toda sorte, no caso do patrocínio, a via arbitral proporciona algumas vantagens que não podem ser desconsideradas, a começar pela liberdade das partes na escolha do árbitro. Na medida em que é um contrato intimamente relacionado com outras áreas de conhecimento, como a publicidade, o esporte, as artes, o *marketing* etc., não seria equivocada a indicação de um profissional ou de um grupo de árbitros com amplo domínio dessas ciências. Em verdade, a chance do litígio ser bem resol-

---

[198] Precedente do STF: "1. Sentença estrangeira: laudo arbitral que dirimiu conflito entre duas sociedades comerciais sobre direitos inquestionavelmente disponíveis – a existência e o montante de créditos a título de comissão por representação comercial de empresa brasileira no exterior: compromisso firmado pela requerida que, neste processo, presta anuência ao pedido de homologação: ausência de chancela, na origem, de autoridade judiciária ou órgão público equivalente: homologação negada pelo Presidente do STF, nos termos da jurisprudência da Corte, então dominante: agravo regimental a que se dá provimento, por unanimidade, tendo em vista a edição posterior da Lei nº 9.307, de 23.09.1996, que dispõe sobre a arbitragem, para que, homologado o laudo, valha no Brasil como título executivo judicial. 2. Laudo arbitral. Homologação. Lei da Arbitragem. Controle incidental de constitucionalidade e o papel do STF. A constitucionalidade da primeira das inovações da Lei da Arbitragem – a possibilidade de execução específica de compromisso arbitral – não constitui, na espécie, questão prejudicial da homologação do laudo estrangeiro; a essa interessa apenas, como premissa, a extinção, no direito interno, da homologação judicial do laudo (arts. 18 e 31), e sua consequente dispensa, na origem, como requisito de reconhecimento, no Brasil, de sentença arbitral estrangeira (art. 35). A completa assimilação, no direito interno, da decisão arbitral à decisão judicial, pela nova Lei de Arbitragem, já bastaria, a rigor, para autorizar a homologação, no Brasil, do laudo arbitral estrangeiro, independentemente de sua prévia homologação pela Justiça do país de origem. Ainda que não seja essencial à solução do caso concreto, não pode o Tribunal – dado o seu papel de 'guarda da Constituição' – se furtar a enfrentar o problema de constitucionalidade suscitado incidentemente (*v.g.* MS 20.505, Néri). 3. Lei de Arbitragem (Lei nº 9.307/1996): constitucionalidade, em tese, do juízo arbitral; discussão incidental da constitucionalidade de vários dos tópicos da nova lei, especialmente acerca da compatibilidade, ou não, entre a execução judicial específica para a solução de futuros conflitos da cláusula compromissória e a garantia constitucional da universalidade da jurisdição do Poder Judiciário (CF, art. 5º, XXXV). Constitucionalidade declarada pelo Plenário, considerando o Tribunal, por maioria de votos, que a manifestação de vontade da parte na cláusula compromissória, quando da celebração do contrato, e a permissão legal dada ao juiz para que substitua a vontade da parte recalcitrante em firmar o compromisso não ofendem o art. 5º, XXXV, da CF. Votos vencidos, em parte – incluído o do Relator – que entendiam inconstitucionais a cláusula compromissória – dada a indeterminação de seu objeto – e a possibilidade de a outra parte, havendo resistência quanto à instituição da arbitragem, recorrer ao Poder Judiciário para compelir a parte recalcitrante a firmar o compromisso, e, consequentemente, declaravam a inconstitucionalidade de dispositivos da Lei nº 9.307/1996 (arts. 6º, parágrafo único; 7º e seus parágrafos; 41, das novas redações atribuídas ao art. 267, VII; 301, inciso IX, do CPC; 42), por violação da garantia da universalidade da jurisdição do Poder Judiciário. Constitucionalidade – aí, por decisão unânime, dos dispositivos da Lei de Arbitragem que prescrevem a irrecorribilidade (art. 18) e os efeitos de decisão judiciária da sentença arbitral (art. 31)." (SE 5206-AgRg, Tribunal Pleno, Rel. Min. Sepúlveda Pertence, J. 12.12.2001).

Direito dos Contratos

vido, sob a ótica da função econômico-social do contrato, seria maior, se comparada com a jurisdição tradicional.

Outro ponto que mereceria destaque, na via arbitral, é a economia de tempo, pois, enquanto o litígio judicial pode perdurar por alguns anos – ou mesmo uma década –, a via arbitral se mostra mais expedita, ainda que as partes idealizem um procedimento mais sofisticado, com a adoção de duplo grau. A célere resolução do litígio poderia colaborar para a pronta indicação, aos próprios interessados, das consequências daquele comportamento, incrementando ainda a possibilidade de conciliação.

A cláusula penal é bem vinda, desde que livre de abusos;[199] quer para estimular o perfeito cumprimento, reduzindo o risco de mora, quer para pré-quantificar o dano suportado pelo sujeito em virtude do inadimplemento do par, poupando o credor do penoso trabalho de liquidação. Típica cláusula acidental dos contratos, segue a disciplina geral do Código Civil, diploma que a dotou de ampla potencialidade. Na sua idealização, as partes fatalmente indicarão quais os comportamentos mais graves, capazes de afetar o seu interesse contratual.

O tema referente ao prazo de vigência possui peculiaridades interessantes no contrato de patrocínio, pois, ao lado da valoração do fator tempo, existem outros marcadores importantes. Por ilustração, poderão as partes convencionar que o patrocínio será finalizado no momento em que uma das partes alcançar ou permanecer em uma determinada posição no mercado. É uma hipótese presente no patrocínio esportivo, quando o patrocinador apenas tem interesse em vincular a sua marca aos melhores atletas ranqueados (o patrocínio poderá durar enquanto o esportista estiver entre os cem melhores do país, do continente, do mundo etc.). No patrocínio artístico, nada impede o encerramento do vínculo, após o término de uma temporada ou após a exibição de determinada quantidade, etc. Enfim, as partes, pela autonomia privada, possuem condições de estabelecer o prazo de vigência do contrato.

Por fim, especial atenção das partes merece o tema das cláusulas que regulam o término da avença: cláusulas resilitivas e resolutivas expressas. Sua previsão, de caráter acessório e acidental, é de suma importância para amarrar o futuro e dar previsibilidade aos contratantes. O contrato, ainda que com limitações, controla o futuro.[200] Ele oferece uma perspectiva para ambas as partes, indicando aquilo que elas podem ou não contar.

---

[199] Uma penal que equipara uma mera desatenção a grandioso inadimplemento, uma penal que escraviza um contratante, atingindo o núcleo essencial de sua liberdade de trabalho, etc.

[200] Irá lembrar François Ost que "une fois cette idée formée, sa fortune cependant fut immense; l'homme disposait désormais d'un outil efficace de mobilisation de l'avenir: par l'octroi d'une créance sur autrui, c'est comme si une part du futur était devenue d'ores et déjà appropriable." (Op. cit., p. 238).

Célebre doutrinador bem ponderou que, por meio do contrato, o porvir ganha corpo, e o horizonte deixa de ser vazio.[201] O futuro assume uma dimensão ainda mais importante do que o presente, pois é naquele momento que as promessas serão alcançadas.

Uma das maneiras de participar dessa complexa relação com o desconhecido futuro é o manejo das cláusulas resilitivas e de resolução do vínculo. Ninguém melhor do que os próprios participantes para antever os eventos que podem influenciar na utilidade do contrato e que condicionam o seu interesse na manutenção do vínculo. Se, por um lado, ser-lhes-á impossível idealizar absolutamente todos os fatos supervenientes passíveis de confirmação, por outro, mercê de sua experiência, podem ao menos indicar as principais circunstâncias que afetam o regular cumprimento da avença.[202]

Como regra, o efeito liberatório decorre do adimplemento. O contrato obriga até o momento em que ele é perfeitamente cumprido. Após, as partes são livres para buscar a satisfação pelos caminhos que julgarem mais convenientes. A força obrigatória do contrato, princípio cardeal de um sério direito obrigacional, deve ser entendida como uma garantia para as partes de encontrar a satisfação, a qual, nos sistemas de *civil law*, tende a ser protegida inclusive pela via da execução judicial específica.[203] Justamente, o efeito liberatório é antecipado com a incidência das cláusulas de resilição e de resolução.

O teor dessas cláusulas irá certamente depender de cada contrato específico. O patrocínio, como afirmado, é muito amplo e engloba diversas modalidades: televisivo, esportivo, artístico, etc. Contudo, um passeio pela prática demonstra algumas previsões constantes, que decorrem da vinculação entre a imagem dos contratantes. Quando um deles pratica um ato qualificado pela opinião pública como mais ou menos honroso, fatalmente haverá benefício ou prejuízo para a contraparte. É por essa razão que se mostra absolutamente lícito, em linha de princípio, a estipu-

---

[201] Como bem pondera François Ost, "c´est comme si soudain l´avenir prenait corps, cessait d´être un horizon vide et bouché, et qu´une consistance normative lui était attribuée sous la forme de l´anticipation confiante. À la limite, cette anticipation représenterat plus de poids, de valeur et de durée que le présent lui-même, necessairement transitoire et fugace. Chargé d´espérances, lesté de désirs multiples, le futur ainsi credite s´avère porteur d´une 'plusvalue' qui n´est pas seulement économique, mais révèle un temps gros de possibles – des possibles qu´avec son aide les promesses accoucheront." (Idem, p. 239).

[202] "Le futur valorisé n´est pas nécessairement un futur garanti. Le risque contribue même à la valorisation de l´enjeu. La règle du jeu est ici que les contractants, ou un des deux, assument cette part inévitable de risque que comporte le futur." (Idem, p. 240).

[203] O paradigma da *Common Law* é distinto no ponto, pois considera que a outorga de indenização é o meio principal para corrigir o inadimplemento e que o constrangimento judicial se mostra pouco eficiente.

Direito dos Contratos

lação de cláusulas que condicionem qualquer das partes a boas práticas sociais.

Vejamos uma ilustração. É frequente na imprensa notícias dando conta da insatisfação de uma parte em razão de um evento protagonizado pela outra. Alguns deles pouca importância terão para o direito. É o caso do esportista que se lesiona e deixa de participar de algumas competições. Salvo exceção, como, por exemplo, o patrocínio específico para este ou aquele certame (e mesmo assim essa exceção será apreciada com cautela), trata-se de situação que frustra a expectativa da outra, mas que não gera efeito relevante no programa contratual. Outro é o caso do atleta que aparece em páginas policiais, em razão de pretenso envolvimento com práticas criminais especialmente gravosas. Embora os atos tenham sido praticados fora de seu ambiente de trabalho, em face da vinculação entre as imagens, poderá ser lícita a iniciativa do patrocinador de resolver o contrato, mormente se houver cláusula expressa a esse respeito.

As cláusulas acima apontadas figuram na vasta maioria dos contratos de patrocínio e convivem com tantas outras idealizadas pelos interessados, a partir das peculiaridades dos relacionamentos comerciais. Quando presentes, elas servem para maximizar o proveito obrigacional, reduzindo também o risco de indevida atuação estatal na substância do contrato.

Contudo, todas as cláusulas construídas formalmente podem ser desvirtuadas quando de sua aplicação concreta. Fala-se, a propósito, do abuso cometido por meio do contrato e do uso de cláusulas com o fito primordial de fazer preponderar a vontade do credor ou do devedor, que dispõe de um cheque em branco para a sua caracterização. É possível reduzir esse risco? Quais os critérios que devem guiar o intérprete na resolução desses debates? Essas serão as questões enfrentadas no derradeiro tópico deste estudo.

4.3.2. O condicionamento do exercício jurídico das posições contratuais pela observância do dever de coerência

Felizmente, para as pessoas, para o direito e para o mercado, em geral, os contratos são perfeitamente cumpridos. Não fosse assim, esta secular instituição jurídica cairia rapidamente em desuso e teria a sua importância radicalmente reduzida, senão aniquilada. Entretanto, em algumas oportunidades, surge a insatisfação dos contratantes, a qual é visualizada quando o contrato não gera o proveito idealizado, por inúmeras razões: erros de prognóstico, incúria na escolha do parceiro, eventos imprevistos e inevitáveis, deficiência técnica, irresponsabilidade do co-contratante, ausência de informação precisa etc. Seria deveras impossível arrolar todas as razões que levam ao fracasso de um contrato, em face da riqueza da vida.

A mera previsão das cláusulas referidas no tópico anterior não garante, de forma alguma, o sucesso da relação, mas apenas um contrato estética e tecnicamente bem feito. A experiência demonstra que uma bela cláusula pode, na prática, ser utilizada com o propósito de inviabilizar o sucesso do contrato. Dessa forma, este tópico irá abordar uma condição específica do sucesso da relação obrigação, que é a atuação dos sujeitos conforme o contrato e o direito, isto é, o legítimo exercício jurídico. Para tanto, serão discutidas algumas heranças da ciência jurídica que podem auxiliar o intérprete na resolução dos casos concretos.

Ao longo desta exposição, procurou-se enfocar a necessidade de cada parte colaborar com a outra para a consecução dos objetivos idealizados com o contrato de patrocínio. É que cada contratante, em maior ou menor escala, precisa do par para maximizar o proveito do relacionamento obrigacional. Mais do que apenas identificar "direitos" e "deveres", ostentados pelas partes em decorrência do programa contratual, o intérprete deve contextualizar essa relação obrigacional em face das expectativas geradas pela aproximação das pessoas. Ambos os ângulos de análise merecem consideração, na resolução dos problemas surgidos na vida contratual. A dificuldade do operador será encontrar o meio-termo entre as necessárias tutelas do credor e do devedor, de sorte a proteger razoavelmente ambas as partes e maximizar a função econômico-social do contrato.[204]

É sempre bem-vinda a lição de Michel Villey, pela qual o direito é uma relação entre os homens, multilateral. Quer tenhamos ou não consciência, quando fazemos menção ao termo "direito", estamos tratando de uma relação.[205] Não há indivíduo que habite uma ilha e, como bem colocado por Carlos Alberto da Mota Pinto, não haveria Direito na ilha que Robinson sozinho vivesse, pois "o direito não regula o homem isolado ou considerado em função de suas finalidades individuais, mas o homem no seu comportamento convivente".[206]

---

[204] A história apresentou momentos em que a excessiva tutela do credor desumanizou o direito, enquanto a demasiada proteção do devedor sacrificou a circulação de riquezas e os benefícios dela decorrentes.

[205] *Le droit et les droits de l'homme*. Paris: PUF, 2009, p. 151-152.

[206] "Não há Direito na ilha onde apenas habita Robinson. O Direito, mesmo quando atribui posições ditas 'absolutas', sobre bens exteriores ao titular ou sobre aspectos ou modos de ser da sua pessoa, *pressupõe sempre a vida dos homens uns com os outros* e visa disciplinar os interesses contrapostos nesse entrecruzar de actividades e interesses – disciplina que é conseguida dando *supremacia a um interes-*

Direito dos Contratos

105

Louis Josserand já afirmava que o direito não se realiza em espaços interplanetários, mas dentro do meio social.[207] Em qualquer área do direito, observa-se o risco do intérprete, seduzido pela visualização *prima facie* de um direito, dele extrair abstratamente efeitos, sem a adequada ponderação do mundo concreto, no qual as consequências irão atuar. A desatenção às pessoas que serão atingidas pela resolução de toda questão jurídica pode ocasionar uma espécie de imperialismo, fenômeno que pode ser positivo para a parte protegida ("credor" ou "devedor"), porém extremamente negativo para quem está no outro polo da relação ("devedor" ou "credor"), além de pernicioso para o sistema como um todo. É que a obrigação não encerra uma relação de débito-crédito, apenas. Ela engloba uma série de atividades, de interesses, de faculdades, de ônus ou, mais romanticamente, de projetos de vida compartilhados pelos contratantes e que atingem terceiros.[208]

Sem a colaboração alheia, é improvável que qualquer contrato resulte frutífero. A lembrança dessa perspectiva básica do direito serve para realçar o dever que cada contratante assume pelo sucesso do contrato. No caso do patrocínio, é intuitivo que o êxito do evento cultural ou da pessoa patrocinada será o ápice do programa obrigacional. Por tal razão, ambos os contratantes precisam envidar ações para aumentar a chance de ele ser alcançado. Mais do que adimplir os pontuais deveres impostos pelo contrato, espera-se que o contratante trabalhe no sentido de facilitar o cumprimento das obrigações alheias, quando esta colaboração não se mostrar sobremodo onerosa.

Ao lado dessa "nova" concepção de vínculo obrigacional, surge outra importante herança do século XX: a revalorização de outras fontes jurígenas, para além da lei, tão cultuada no século que lhe antecedeu. Na

---

se e subordinando outro. Por força dessa disciplina, criam-se, portanto, enlaces, nexos, liames entre os homens, nos termos dos quais a uns são reconhecidos *poderes* e a outros impostas *vinculações* – precisamente essa ligação entre os homens, traduzida em *poderes e vinculações*, constitui a relação jurídica. Neste quadro, a situação da pessoa releva juridicamente apenas enquanto ela está em relação com os outros: como *relação jurídica*. Esta resulta, portanto, numa análise lógica ou numa imediata captação fenomenológica, da circunstância de o *direito supor a sociedade e esta não ser uma mera contiguidade estática, mas uma convivência.*" (Mota Pinto, 2005, p. 30).

[207] A pessoa está integrada com as demais, como aponta Louis Josserand: "Ce n'est pas dans les espaces interplanétaires qu'il fait valoir et qu'il réalise ses droits, mais dans un milieu social dont il constitue l'une des innombrables cellules, la plus fragile et la plus infime; rouage subalterne enchâssé dans un mécanisme complexe et formidable, il doit se comporter en fonction du milieu auquel il sortit; à chaque fois qu'il exerce un droit, fût-ce en apparence le plus individuel et le plus égoïste. C'est encore une prérogative sociale qu'il doit l'utiliser, conformément à l'esprit de l'institution, civiliter." (op. cit., p. 7).

[208] Isso vale para qualquer contrato: "Quanto maior for o sucesso do restaurante, maior será o consumo das bebidas que a ele forneço" e "quanto melhor for a qualidade do produto, mais consumidores terei"; "quanto mais dinâmica a editora, maior será a vendagem das obras do autor"; e "quanto melhor for a obra, tanto maior será o proveito da casa editorial" etc.

busca por uma solução justa, o aplicador do direito conta com uma ampla gama de fontes, as quais dificilmente irão impedir o fiel cumprimento de sua missão. O direito contratual não foge a essa regra e observou, nas últimas décadas, um excelente desenvolvimento, por meio da doutrina, da jurisprudência, dos costumes, dos estudos de direito comparado e de história do direito. Nenhum ramo do direito, na atual quadra histórica, é refém da legislação.

O Código Civil de 2002, ciente dessa realidade, se valeu de algumas cláusulas gerais, as quais permitem o diálogo do Direito com outras ciências e com a sociedade. A linguagem dessas normas, que mais parecem indicar molduras para o trabalho do intérprete, viabiliza a constante oxigenação do sistema, pela recepção dos avanços sociais e científicos. O texto permanece íntegro, a despeito da mutação das normas nele amparadas, a partir do sério envolvimento das demais fontes jurígenas.[209]

Naquilo que interessa ao presente estudo, duas evoluções merecem destaque. A primeira, bem conhecida da doutrina e da jurisprudência do século passado, que é a definitiva incorporação da boa-fé objetiva como princípio cardeal do direito obrigacional (art. 422 do CCB). A segunda reside na inovação constante na Parte Geral do Código Civil, no art. 187, que complementa a ilicitude padrão do art. 186[210] (amplamente difundida sob a égide do Código anterior).[211]

Este art. 187 do CCB reputa ilícito o exercício de uma posição que a própria lei, pelo prisma abstrato, consagra. Marca, portanto, uma ultrapassagem do modo de pensar o Direito, pelo implícito reconhecimento de seu caráter problemático. A simples comparação entre a conduta adotada e o arquétipo legal já não satisfaz integralmente o sistema, pois a realidade nem sempre é branca ou preta, mas colorida pela projeção de diversas normas. A ilicitude, dessa forma, ganha novos contornos, englobando a perspectiva de funcionalização dos direitos.[212] Como assinala o profes-

---

[209] As observações de Carlos Alberto Mota Pinto (2005) acerca do direito português se encaixam ao sistema brasileiro: "Significa tal introdução de cláusulas gerais e conceitos indeterminados um intuito de dotar o Código Civil com uma possibilidade de adaptação às várias situações da vida, adaptação fundamentalmente a cargo da jurisprudência, a quem incumbe concretizar estes critérios e conceitos carecidos de preenchimento. Com essa combinação de conceitos gerais-abstractos, aparentemente fixos ou determinados, e cláusulas gerais e conceitos indeterminados, tenta o Código Civil conciliar a necessária dose de certeza e segurança com uma preocupação de justiça para todas as situações concretas".

[210] Art. 186 do CCB: "Aquele que, por ação ou omissão voluntária, negligência ou imprudência, violar direito e causar dano a outrem, ainda que exclusivamente moral, comete ato ilícito".

[211] Art. 187 do CCB: "Também comete ato ilícito o titular de um direito que, ao exercê-lo, excede manifestamente os limites impostos pelo seu fim econômico ou social, pela boa-fé ou pelos bons costumes".

[212] Muito bem colocado pela Professora Judith Martins-Costa: "A licitude demarca, portanto, o modo de coexistência numa comunidade ordenada pelo Direito, de modo que: (i) há ilicitude quando há

Direito dos Contratos

sor Bruno Miragem, "os limites previstos no artigo 187 do Código Civil constituem ao mesmo tempo limite e medida para o exercício dos direitos subjetivos".[213]

Com razão, a abordagem do intérprete já não se contenta com a mera comparação entre a conduta efetivamente adotada e a previsão legal, em uma espécie de subsunção. Seu trabalho ganha maior responsabilidade pela necessidade de situar os contratantes dentro de um complexo panorama obrigacional, para comparar o ato praticado dentro da perspectiva globalizada do vínculo e de sua natural projeção econômico-social.[214]

O exercício em concreto nem sempre está adequado às previsões contratuais criadas em abstrato. No contrato de patrocínio, o risco do próprio contrato ser abusivamente utilizado existe e pode vitimar qualquer das partes. Figure-se o exemplo do patrocínio esportivo, no qual é inserta uma cláusula que autoriza a extinção do vínculo em razão de fatos flagrantemente irrelevantes (como a alteração do nome da Confederação envolvida na disciplina do esporte, mudança de regras desportivas etc.). Enfim, a previsão de cláusulas que pouca ou nenhuma influência guardam com a natureza do contrato enseja um grave desequilíbrio.

Um exemplo facilmente identificável na prática brasileira é a cláusula penal abusiva, que não guarda nenhuma relação com o potencial prejuízo ou com os inadimplementos realmente graves. A inclusão dessas cláusulas, que destoam da natureza do contrato e que ameaçam a sua função econômico-social, pode ser tida como ilícita, à luz dos arts. 187 e 416, ambos do CCB. O mesmo pode se dizer em relação à escolha de um foro que nenhuma relação guarda com o cumprimento do contrato ou com o domicílio das partes. Enfim, qualquer atitude que ultrapasse manifestamente os limites impostos pelo fim econômico ou social do direito, a boa-fé ou os bons costumes, será tida como ilícita à luz do Direito.

---

contrariedade às regras de dever-ser postas no ordenamento jurídico compreendido como uma dinâmica e complexa totalidade de regras, princípios e modelos jurídicos derivados das quatro fontes de produção de normatividade, quais sejam, as fontes legal, jurisprudencial, consuetudinária e jurisprudencial; (ii) há formas de ilicitude *a priori* detectáveis, porque a conduta contrária ao Direito já vem descrita com suficiente previsão na norma legal; (iii) essa não é, porém, a única forma de ilicitude pois há 'configurações de ilicitude' que se hão de realizar depois de constituído um particular 'contexto situacional' tramado pela conexão entre elementos fáticos (por exemplo, uma situação de confiança legítima, quando alguém pratica ou deixa de praticar algo porque acredita na regularidade de certa conduta alheia) e jurídicos (por exemplo, os princípios conducentes à responsabilização pela confiança; ou as regras de exclusão de ilicitude do art. 188 ou ainda as regras de validação de situações possessórias como as resultantes da usucapião, etc.)" (Os avatares do abuso do direito e o rumo indicado pela boa-fé, p. 70).

[213] *Abuso do Direito*. Rio de Janeiro: Forense, 2009, p. 245.

[214] Em menor ou maior escala, todo contrato possui uma função social, a qual, como o próprio nome indica, reflete a influência que o seu cumprimento despertará nas pessoas que não o celebraram. Os efeitos que ele projeta na sociedade, portanto, não podem ser ignorados.

O contratante tem o dever de cumprir o contrato com coerência, a fim de proteger os demais envolvidos de injustificado prejuízo. O comportamento objetivamente adotado pela parte deve ser enfocado à luz do programa contratual e da sua realidade, dentro de uma perspectiva que considera o passado, o presente e o futuro. Por meio da coerência do exercício jurídico, amplia-se a proteção das pessoas, que também sentem os efeitos da relação obrigacional.

A doutrina sublinha que, mesmo nos casos de aparente inexecução, é importante atentar para a conduta efetiva do credor. Em casos excepcionais, sua prolongada inércia pode gerar na outra parte a confiança de que, ao menos, o mecanismo resolutivo não será acionado, fato que atrai a incidência do direito para proteger essa legítima expectativa formada. Denis Mazeaud, analisando acórdão francês, irá explicar que a paciência e a indulgência prolongada do credor, em face da falta contratual, gera, senão a esperança quanto ao perdão deste inadimplemento, a confiança de que o remédio resolutivo não será aplicado. Também se mostra incoerente a súbita atitude do credor de reclamar uma pesada cláusula penal destinada a sancionar a inexecução outrora tolerada.[215] No direito brasileiro, lembre-se o exemplo do abuso do direito de purgar a mora, observado no comportamento do devedor, tantas vezes visualizado no século XX. Qualquer das partes, "credor" e "devedor", tem o seu agir condicionado pelo art. 187 do CCB.

Esse dever de coerência no exercício de posições jurídicas também é realçado por Jacques Mestre, ao analisar precedente da Corte de Apelo de Paris, de 25.01.1995, no qual foi censurada a iniciativa de uma empresa que resiliu unilateralmente contrato celebrado por tempo determinado, pela incidência de uma cláusula expressa na linha de que a alteração na composição societária do contratante autorizaria a resilição. Valorizando a regra de que as cláusulas e as obrigações devem ser executadas de boa-fé (*cette clause, comme toute obligation contractuelle, devrait être exécuté de bonne foi*), considerou que, à luz das circunstâncias do caso concreto, o contratante havia abusado de seu direito de resilição, ao utilizar uma previsão contratual de má-fé, para extinguir uma relação obrigacional que, em verdade, lhe desagradava por outras razões. Para alcançar essa conclusão, o tribunal analisou a função da cláusula na economia contratual,

---

[215] Tradução livre. No original: "L'incoherence dont se rend ainsi coupable le créancier qui trahit la confiance legitime que sa tolérance passée et prolongée avait fait naître chez son débiteur, révèle ainsi sa mauvaise foi et le prive du droit de mettre en jeu la clause resolutoire expresse" (*De l'exigence de cohérence contractuelle em matière de clause résolutoire expresse*. Recueil Dalloz Sommaires commentés, 2000, p. 360).

Direito dos Contratos

não reconhecendo qualquer razão para se considerar o contrato *intuitus personae*.[216]

Já, no início do século XX, a doutrina postulava a perquirição da motivação do agente para a chancela de sua conduta. O destaque dado por Louis Josserand ao conceito de "motivo legítimo" encontrou eco na jurisprudência, ainda que o nome deste autor não esteja citado na vasta maioria das decisões que, implicitamente, aplicam sua teoria. Exemplo da utilidade da perquirição dos motivos que animam a parte é atestado por Jacques Mestre, quando conclui que a ruptura unilateral do contrato, conquanto legalmente permitida pela incidência das cláusulas de resilição e resolução, é atenuada pela noção de abuso de direito e de interesse comum, utilizada pela jurisprudência francesa para sancionar a ruptura brutal ou *sans motif légitime de contrats à durée indéterminée*.[217] O contrato não deve servir de disfarce para o abuso.

É frequente na doutrina o debate quanto à fragilidade que uma ou outra parte teria no contrato de patrocínio. De um lado, há autores que sustentam que o patrocinado não teria adequada condição de fazer valer seus pretensos direitos, em face de que, usualmente, o *sponsor* possui maiores recursos econômicos. De outro, poderia ser considerado o próprio *sponsor* como a parte mais frágil, uma vez que a exposição de sua marca depende fundamentalmente do comportamento alheio, que vai definir, em última análise, o fracasso ou o êxito negocial.

De qualquer sorte, independentemente da posição que o leitor prefira, para a resolução dos casos concretos, o direito oferece o art. 187 do CCB para ambos os sujeitos. Não se trata, simplesmente, de reconhecer qual a parte mais débil, mas sim de encarar as características da relação obrigacional discutida, para dirimir eventuais discussões. O adimplemento dependerá de atitudes comissivas e omissivas de ambos os contratantes e não é apenas pelo fato de uma ou outra parte ser considerada hipossuficiente que a solução será encontrada. Incumbe a qualquer delas respeitar a natureza do contrato e as expectativas – legítimas (logo, não injustificadas) – do par.

Sintetizando o ponto, conclui-se que a mera previsão contratual dando conta da licitude *prima facie* de determinadas condutas não é suficiente para a caracterização da licitude em concreto, pois o juízo que deve ser realizado pelo intérprete parte de um complexo fenômeno, o qual engloba a consideração da atmosfera contratual, dos fatos relevantes, dos inte-

---

[216] *Validité d´une clause de résiliation unilatérale d´un contrat à durée determinée mais exigence de bonne foi dans sa mise en oeuvre*, p. 158.

[217] De la rupture unilatérale du contrat. *Revue Trimestrielle de Droit Civil*, Chroniques, p. 278, 1990.

resses envolvidos e, principalmente, do dever de coerência de ambas as partes ao longo da execução do programa contratual.

Pela incidência do art. 187 do Código Civil, lícita é a perquirição da conformidade da ação com os tradicionais "limites impostos pelo seu fim econômico ou social, pela boa-fé ou pelos bons costumes". No caso do contrato de patrocínio, a consideração de seus elementos individualizadores permite atrair a incidência responsável da norma, para a resolução de problemas concretos.

4.4. Conclusão

A ausência de expressa previsão legal não prejudica o reconhecimento do contrato de patrocínio no direito brasileiro. Esse contrato encontra "tipicidade social" que lhe garante a tutela jurídica.

Os elementos que permitem a individualização do patrocínio são: (a) a finalidade publicitária; (b) a realização dessa publicidade por meio de pessoas estranhas à empresa beneficiada; (c) a coligação entre a imagem dos sujeitos; e (d) a autonomia própria de cada parte, na condução de suas ações.

A partir desses elementos – e da causa que determina a aproximação negocial –, podem ser visualizados os principais deveres assumidos pelos contratantes: (a) o oferecimento da prestação convencionada, por parte do *sponsor*, que pode ser uma quantia ou qualquer outra forma com repercussão econômica; (b) os melhores esforços por parte do patrocinado, para que sua imagem seja admirada pelo maior público possível; (c) prestação de contas; (d) transmissão de dados relevantes para o bom andamento do contrato; (e) zelo pela imagem do parceiro negocial, etc.

Entre as cláusulas típicas dessa contratação, encontram-se: (a) regramento, na medida do possível, abrangente, da atividade que se espera do patrocinado e do patrocinador, pois tais dados objetivos serão valorados pelo intérprete; (b) a eventual previsão de exclusividade, pois ela não se presume no que toca a outros patrocinadores que atuam em mercado diverso e mesmo para os concorrentes em alguns setores específicos do mercado; (c) a proibição, para após o término do contrato de patrocínio, de celebração de contratos semelhantes com concorrentes; (d) eventual pacto de preferência para a renovação do vínculo; (e) a confidencialidade; (f) a cláusula compromissória, com a via arbitral; (g) cláusulas penais; (h) prazo; (i) hipóteses que antecipam o término do vínculo (resilição e resolução).

Direito dos Contratos

No manejo de tais cláusulas, espera-se das partes um comportamento coerente com o panorama contratual e suas atitudes passadas, como forma de outorgar maior segurança aos envolvidos. Na resolução de questões concretas, caberá ao intérprete analisar o negócio globalizadamente, levando em conta todos os fatos havidos antes e durante a sua vigência, para encontrar uma solução que coincida – na medida do possível – com a natureza do contrato e a legítima expectativa dos envolvidos. Nesse trabalho de interpretação, o art. 187 do Código Civil possui amplo espectro de atuação.

É certo que o patrocínio está afirmado na prática empresarial brasileira, servindo de efetivo mecanismo propulsor de trocas econômicas. Porém, mais do que isso, viabiliza grandes eventos culturais, projetos de vida, carreiras, razão pela qual ocupa lugar de destaque no direito contratual deste início de século, aliando a função econômica que se espera de todo contrato, com a promoção das pessoas, que se espera de qualquer instituto jurídico.

4.4.1. Julgados

TJRS, AC 70003966025, 10ª C.Cív., Rel. Des. Jorge Alberto Schreiner Pestana, J. 26.06.2003.
TJRS, AC 70033434713, 15ª C.Cív., Rel. Des. Otávio Augusto de Freitas Barcellos, J. 05.05.2010.
TJRS, AC 70028211043, 5ª C.Cív., Rel. Des. Jorge Luiz Lopes do Canto, J. 10.06.2009.
TJSP, AC 994030937774, 4ª CDPriv., Rel. Des. J. G. Jacobina Rabello, J. 06.08.2008.
TJSP, AC 131.879.416-00, 4ª CDPriv., Rel. Des. Olavo Silveira, J. 13.02.2003.

5. A majoração da cláusula penal nas relações de consumo

5.1. Introdução

Os negócios jurídicos compõem-se de variados elementos. Alguns, inseparáveis, visto que essenciais para a sua regular criação (capacidade das partes, possibilidade física e jurídica da prestação, a livre declaração de vontade, etc.). Outros, que decorrem da lei e dos usos e costumes negociais, os quais cumprem o objetivo de dotar o negócio jurídico de sua natural eficácia no meio social. Por fim, mas igualmente importantes, são as cláusulas acidentais, as quais são criadas exclusivamente pela vontade das partes. Ainda que sua presença seja absolutamente irrelevante, sob o ângulo da existência e da validade do negócio jurídico, elas enriquecem o vínculo e, por decorrência, a satisfação dos contraentes.

Desempenham, nesse sentido, variadas funções dentro do panorama obrigacional, como disciplinar sua eficácia, possibilitar a liberação das partes, autorizar o ingresso de terceiros, e, naquilo que interessa ao presente ensaio, reforçar a chance de adimplemento, bem como pré-quantificar o prejuízo decorrente do eventual inadimplemento.

Em razão da heterogeneidade da vida negocial, é impossível catalogar todas as manifestações de cláusulas acidentais. A observação de Nuno Manuel Pinto Oliveira é correta, quando salienta que "face à complexidade e à diversidade dos interesses envolvidos na conclusão dos negócios jurídicos, as cláusulas ou estipulações acessórias podem variar ao infinito, resistindo a todas as tentativas de classificação ou de sistematização".[218] Contudo, em que pese essa abstrata imprevisibilidade, observa-se, a partir da realidade, a preferência social pelo uso de algumas formas. Existem, pela força da *lex mercatoria* e do Direito, cláusulas acidentais típicas.

---

[218] *Cláusulas Acessórias ao Contrato.* 3. ed. Coimbra: Almedina, 2008, p.15.

Analisando o Código Civil português, o autor apresenta seis manifestações de cláusulas acidentais nos negócios jurídicos. São elas: 1) a condição;[219] 2) o termo;[220] 3) o modo;[221] 4) cláusulas de exclusão e de limitação do dever de indenizar;[222] 5) as cláusulas penais; e 6) o sinal.[223] Todas essas figuras estão presentes no sistema brasileiro, conquanto seu regramento seja parcialmente diverso.

A cláusula penal é conhecida na história do direito. Permitiu a consecução de diversos objetivos, entre os quais o reforço do vínculo (ideia romana) e a quantificação do dano oriundo do inadimplemento (ideia canônica).[224] Em face das exigências sociais de cada época, pode-se afirmar que predominou um ou outro escopo da cláusula penal.

Contudo, interessante observar que uma mirada nos ordenamentos latino-americanos,[225] africanos,[226] europeus[227] e asiáticos[228] confirma a

---

[219] Art. 270º (Noção de condição): "As partes podem subordinar a um acontecimento futuro e incerto a produção dos efeitos do negócio jurídico ou a sua resolução: no primeiro caso, diz-se suspensiva a condição; no segundo, resolutiva".

[220] Art. 278º (Termo): "Se for estipulado que os efeitos do negócio jurídico comecem ou cessem a partir de certo momento, é aplicável à estipulação, com as necessárias adaptações, o disposto nos artigos 272º e 273º'".

[221] Art. 963º (Cláusulas modais): "1. As doações podem ser oneradas com encargos. 2. O donatário não é obrigado a cumprir os encargos senão dentro dos limites do valor da coisa ou do direito doado".

[222] Art. 800º (Actos dos representantes legais ou auxiliares): "1. O devedor é responsável perante o credor pelos actos dos seus representantes legais ou das pessoas que utilize para o cumprimento da obrigação, como se tais actos fossem praticados pelo próprio devedor. 2. A responsabilidade pode ser convencionalmente excluída ou limitada, mediante acordo prévio dos interessados, desde que a exclusão ou limitação não compreenda actos que representem a violação de deveres impostos por normas de ordem pública".

[223] *Op. cit.*, p.16.

[224] A questão é bem conhecida da doutrina: "C´est une question capitale, parce que dans ce dilemne se joue la vie de la clause comme institution autonome: ou bien l´on estime que la cause pénale est une véritable peine privée et remplit une fonction semblable à celle qu´elle assumait dans le droit romain primitif, en constituant, dans notre droit, une des si nombreuses manifestations du concept de pénalité dans le droit civil: ou bien l´on estime qu´elle n´est qu´une liquidation conventionnelle et préalable dês dommages et intérêts". Peirano, Jorge. Nature juridique de la clause pénale dans les droits français et latino-américain." *Revue Internationale de Droit Compare*, v.1, n.3, p. 322, juillet-septembre.

[225] No Código Civil colombiano, art. 1.592. Definición de cláusula penal: "La cláusula penal es aquella en que una persona, para asegurar el cumplimiento de una obligación, se sujeta a una pena que consiste en dar o hacer algo en caso de no ejecutar o retardar la obligación principal".

[226] Por força da influência dos sistemas europeus, notadamente o francês e o português.

[227] No *Code Civile*, art. 1226: "La clause pénale est celle par laquelle une personne, pour assurer l´exécution d´une convention, s´engage à quelque chose en cas d´inexécution".

[228] Por ilustração, o Código Civil de Macau (1999) contempla o seguinte regramento básico: art. 799º (Cláusula penal): "1. As partes podem fixar por acordo a indemnização exigível ou a sanção aplicável, para os casos de não cumprimento, cumprimento defeituoso ou mora no cumprimento; a cláusula do primeiro tipo designa-se por cláusula penal compensatória e a do segundo por cláusula penal compulsória. 2. Em caso de dúvida, a cláusula penal é compensatória. 3. As partes podem estabelecer num mesmo contrato cláusulas penais para diferentes fins, mas se só tiverem estabelecido uma cláusula penal pelo não cumprimento, e esta for compensatória, presume-se que ela cobre todos os danos, e se for

presença cláusula penal nos mais variados sistemas, com peculiaridades. Provavelmente, advogados belgas, japoneses, brasileiros e argelinos conseguiram se comunicar com fluência, se debatida, na confecção de um contrato, a cláusula penal.

O presente estudo busca, a partir de pesquisa bibliográfica e jurisprudencial, revitalizar a interpretação da cláusula penal, para o fim de melhor adaptá-la às exigências da sociedade brasileira neste início de milênio. Inicialmente, são abordados os princípios que regem o direito contratual brasileiro, bem como aspectos históricos, que explicam a conformação atual da cláusula penal. A seguir, suscitam-se temas polêmicos e apontam-se algumas perspectivas para a sua resolução. Enfoca-se, especialmente, a melhor interpretação do art. 413 do Código Civil e a possibilidade jurídica de majoração da penal em favor do consumidor, resultado que é fundamental para a sua adequada proteção no mercado.

5.2. Breve mirada nos princípios informadores do Direito Contratual brasileiro

Um dos fundamentos do contrato, quiçá o mais caro para a doutrina clássica, é o consenso. Este encontro de vontades é obtido a partir da aproximação das pessoas, não raro sendo precedido de longas negociações. Os contratos são celebrados para a satisfação dos sujeitos neles envolvidos, de sorte que seus termos, em linhas gerais, são acertados em razão do interesse das partes. Não surpreende, portanto, que o eventual "prejuízo" suportado por uma parte seja justamente a razão da maior "vantagem" alcançada pela outra. As concessões recíprocas fazem parte das transações.

A contratação, tradicionalmente, é vista como um símbolo do exercício da liberdade, razão pela qual o princípio fundante do direito contratual é o da autonomia privada, reconhecida – em maior ou menor escala – em todos os sistemas. É conhecido o brocardo *qui dit contractuel dit juste*, o qual bem ilustra o contrato como um símbolo do encontro de vontades.[229]

---

compulsória, que esta abrange toda a sanção aplicável. 4. A cláusula penal está sujeita às formalidades exigidas para a obrigação principal, e é nula se for nula esta obrigação". Art. 800º (Funcionamento da cláusula penal): "1. Sem prejuízo de estipulação expressa em contrário, o cumprimento da cláusula penal só é exigível havendo culpa do devedor. 2. A cláusula penal compensatória obsta a que o credor exija o cumprimento da mesma cumulativamente com a realização coactiva da prestação a que diga respeito ou exija a indemnização pelo dano por ela coberto, mas, salvo convenção em contrário, não impede a indemnização pelo dano excedente quando este seja consideravelmente superior".

[229] Este brocardo é atribuído ao filósofo francês Alfred Fouillée, influente na segunda metade do século XIX.

Contudo, especialmente após o século XX, a visão clássica do contrato, desenvolvida nos séculos anteriores e que encontrou no *Code Civil* seu ícone, foi sendo alterada para recepcionar novos anseios de uma sociedade distinta.[230] O contrato, longe de representar o livre encontro de vontades entre iguais, passou a servir como meio de opressão, em alguns casos, de sorte que a doutrina procurou resgatar outros princípios para renovar seu conceito.[231] Outro célebre ditado aponta que a liberta escraviza, quando há desigualdade entre as partes.

Atualmente, são conhecidas doutrinas que interpretam o contrato como um fenômeno social, cuja razão de ser repousaria no avanço econômico, no bem-estar das pessoas, bem como no ideal de solidariedade.[232] Dentro desse contexto, ideias que antes soariam como despropositadas passam a trafegar pelo ambiente contratual, como os recentes deveres de contratar e de renegociação.[233] Estas duas últimas figuras frequentemente entram em cena na análise de "contratos cativos de longa duração".[234]

Para a doutrina clássica, se o consenso é o elemento que caracteriza grande parte das contratações, uma vez que os contratos se formam pelo encontro entre os sujeitos, é natural que usualmente os efeitos do relacionamento obrigacional não atinjam terceiros. Essa é justamente a

---

[230] Cristiano Chaves de Farias irá destacar a dependência do homem contemporâneo ao contrato: "Ora, como a celebração de contratos é uma *necessidade do homem moderno*, e não apenas uma faculdade limitada à sua liberdade de escolha, já se vê claramente mitigada a autonomia da vontade. Já não se cogita da liberdade de estipular cláusulas e convenções, dada a imperiosidade de contratar para sobreviver na sociedade contemporânea, porosa, aberta, plural e globalizada". Miradas sobre a cláusula penal no direito contemporâneo. Disponível em: <www.fat.edu.br>. Acesso em: 14 jun. 2010.

[231] É o alvitre de Cláudia Lima Marques: "Com a industrialização e a massificação das relações contratuais, especialmente através da conclusão de contratos de adesão, ficou evidente que o conceito clássico de contrato não mais se adaptava à realidade socioeconômica do Século XX. Em muitos casos o acordo de vontade era mais aparente do que real; os contratos pré-redigidos tornaram-se a regra, e deixaram claro o desnível entre os contratantes – um autor efetivo das cláusulas, outro, simples aderente – desmentindo a ideia de que assegurando-se a liberdade contratual estaríamos assegurando a justiça contratual". *Contratos no Código de Defesa do Consumidor*, p. 150. São Paulo: Revista dos Tribunais, 2004.

[232] Mazeaud, Denis. Loyauté, solidarité, fraternité: la nouvelle devise contractuelle? *In: Mélanges Terré*. Paris: Dalloz, 1999.

[233] Galgano, Francesco. *Diritto Privato*. Padova: CEDAM, 2008, p.238.14. Em nossa jurisprudência: "*Seguro de vida em grupo. Não renovação. Previsão contratual. Comunicação prévia. Dano moral*. A par da comunicação prévia, mostra-se abusiva a não renovação do contrato de seguro pela ré, com alteração no valor do prêmio e exclusão da cobertura de invalidez permanente total por doença. IPD. Incidência do art. 51, IV, do CDC. Contrato cativo, de longa duração e trato sucessivo. Boa-fé objetiva e fim social na espécie contratual. Arts. 421 e 2.035, parágrafo único, do novo Código Civil. Contudo, não gera indenização por dano moral. Agravo retido não conhecido e apelação provida em parte" (Apelação Cível nº 70024960312, 5ª CC, TJRS, Rel. Desemb. Leo Lima, julgado em 24.09.2008).

[234] Sobre o tema específico, proveitosa a leitura de José Tadeu Neves Xavier. Reflexões sobre os contratos cativos de longa duração. In Revista Jurídica Empresarial, v. 1, pp. 29-56. A clássica obra de Cláudia Lima Marques (Contratos no Código de Defesa do Consumidor. São Paulo: Revista dos Tribunais) traça um panorama aprofundado do assunto, no direito brasileiro e comparado.

ideia central de outro princípio clássico, qual seja o da relatividade dos efeitos do contrato, bem exposto no brocardo que o "contrato faz lei entre as partes".[235] As pessoas estranhas ao pacto não deveriam ser atingidas. Por decorrência, soa curioso que terceiro possa ser responsabilizado pelo inadimplemento de relação contratual alheia, bem como tenha ação contra os contraentes.

Todavia, a consagração de uma sociedade massificada, ao longo do século XX, demonstrou que, não raro, relações contratuais projetam efeitos para pessoas que nem sequer conhecem seus termos. Foi colocado em xeque o princípio da relatividade, a partir de casos em que manifestamente era reconhecido um interesse de terceiros digno de tutela.[236] Atualmente, não é equivocado afirmar que as pessoas devem evitar interferir em relações contratuais alheias, promovendo o inadimplemento. Há, nos limites do Direito, um dever de respeitar os contratos, ainda que celebrados entre terceiros.

Com efeito, a releitura dessa relatividade dos efeitos, coloca algumas questões interessantes: até qual ponto os contratantes são alheios à sociedade ou em que medida o contrato poderia ser enfocado como uma *bolha*, que abrigaria os participantes? Igualmente foi contestado o papel do terceiro que se mostra alheio e absolutamente indiferente ao destino do contrato, pela consideração de que todas as pessoas deveriam, no mínimo, evitar a colaboração para o ilícito contratual.

A exigência de funcionalização dos direitos acabou por permitir o reconhecimento de que alguns contratos possuem função social impor-

---

[235] É mensagem histórica do art. 1.134, do *Code Napoleon* (1804): "Les conventions légalement formées tiennent lieu de loi à ceux qui les ont faites. Elles ne peuvent être révoquées que de leur consentement mutuel, ou pour les causes que la loi autorise. Elles doivent être exécutées de bonne foi".

[236] A situação já fora detectada por Karl Larenz. Analisando como deveria se dar a criação do direito *superador da lei*, Larenz se valeu de critérios aceitos pela jurisprudência tedesca: "Desarollo del derecho atendiendo a las necesidades del trafico jurídico"; "desarollo del derecho atendiendo a la naturaleza de las cosas"; "desarollo del derecho atendiendo a un principio etico-jurídico", etc. E para ilustrar um caso de criação do direito superador da lei, no qual era utilizado um postulado ético-jurídico, o professor apresentou justamente o caso do contrato com efeitos perante terceiros, explicando: "Se trata al respecto de que los deberes de protección, fundados en una relación contractual o en una relación de confianza precontractual, pueden extenderse a aquellos terceros – que no han tomado parte por si mismos en la conclusión del contrato – que entran en contacto manifiesto con la prestación contractual o con la preparación de la conclusión del contrato pretendida y que tienen un interés, cognoscible por la otra parte, en ser incluidos en la relación de protección de una de las partes contratantes. (...) El tercero, incluido en la relación de deber de protección contractual o precontractual, no puede, por cierto, exigir la prestación contractual, pero sí la indemnización de daños si él sufre, a causa de ello, un daño que lesiona un deber de protección, existente a su favor, a uno de los participantes en la conclusión del contrato o en las negociaciones contractuales. El resultado está claramente de acuerdo con un postulado de la justicia distributiva; la fundamentación no procede de la ley, pero está en consonancia con el principio de 'buena fe' y con la doctrina a partir de él desarrollada sobre los deberes de protección contractual". *Metodologia de la ciencia del derecho*. Tradução de Marcelino Rodrigues Molinero. Barcelona: Ariel Derecho, 1994, p. 421.

tante. Essa circunstância é bem observada quando da análise judicial de contratos de massa, em que a decisão proferida ocasiona a necessidade de adequações em relação aos demais contratantes. Os tribunais, por tal razão, vêm acertadamente indagando os efeitos concretos de sua pronúncia, atendendo assim à função social que se espera dos pactos.

Se a função social é o princípio que vai guiar a relação entre os contraentes e a sociedade, para viabilizar a consideração dos interesses de terceiros, o princípio da boa-fé é cada vez mais utilizado para controlar o relacionamento entre os contratantes.[237] Três são as suas mais nítidas funções: a) condicionar o exercício das posições jurídicas; b) criar deveres anexos para viabilizar o adimplemento perfeito; e c) servir como critério de interpretação. Todas as projeções possuem como norte estimular a consideração dos interesses do parceiro negocial, para outorgar maior segurança e satisfação aos contraentes.[238]

É a boa-fé que permitirá a tutela adequada do declaratário. Isto é, a vontade externada é apreendida pela confiança despertada na contraparte, e não propriamente de acordo com o íntimo do declarante. Valorizam-se as expectativas criadas pela aproximação negocial, os usos e costumes e, inclusive, o papel do silêncio, tutelando as "legítimas expectativas" que o contato social desperta.[239] Tudo com o objetivo de oferecer tranquilidade para ambos os contraentes.

Por fim, mas não menos importante, é o princípio do equilíbrio. O sistema privado almeja que as trocas impulsionadas pelo contrato ostentem proporcionalidade nas prestações assumidas, a fim de gerar satisfação a ambos os contraentes. Tanto na fase de formação, quanto na de execução, o direito passou a oferecer mecanismos para a manutenção do sinalagma, como a lesão, a revisão da cláusula penal abusiva e a resolução por onerosidade excessiva, entre outros.

Diplomas revestidos de maior interesse público, como o Código de Defesa do Consumidor, irão apontar normas ainda mais específicas para equilibrar a relação entre os agentes do mercado, seguindo a diretriz constitucional que impõe a tutela do consumidor, enquanto pessoa vul-

---

[237] No direito brasileiro, clássica é a obra de Martins-Costa, Judith. *Da Boa-Fé no Direito Civil*. São Paulo: RT, 2000.

[238] Bem refere Mota Pinto que "a boa-fé é hoje um princípio fundamental da ordem jurídica, particularmente relevante no campo das relações civis e, mesmo, de todo o direito privado. Exprime a preocupação da ordem jurídica pelos valores ético-jurídicos da comunidade, pelas particularidades da situação concreta a regular e por uma juridicidade social e materialmente fundada. A consagração da boa-fé corresponde, pois, à superação de uma perspectiva positivista do direito, pela abertura a princípios e valores extra-legais e pela dimensão concreto-social e material do jurídico que perfilha". *Teoria Geral do Direito Civil*. 4. ed. Coimbra: Coimbra Editora, 2005, p. 124.

[239] Sobre o tema, ver trabalho da Professora Vera Maria Jacob de Fradera: O Valor do Silêncio no Novo Código Civil. *Revista Jurídica Empresarial*, v.2, maio-jun. 2008.

nerável. No âmbito do direito de consumo, um passeio na jurisprudência brasileira aponta a primazia do princípio do equilíbrio em relação ao texto contratual.

É da consideração desses cinco grandes princípios do direito contratual que o presente estudo almeja oferecer novas perspectivas para o uso da cláusula penal no direito brasileiro. No próximo tópico, à luz da doutrina, serão abordados seus traços fundamentais. Após, em perspectiva crítica, o ensaio contesta posições majoritárias em nosso direito, sinalizando alternativas para o melhor aproveitamento do secular instituto. Ao final, será apresentada proposta para equilibrar a relação de consumo, mediante a majoração da cláusula penal infimamente arbitrada.

5.3. A cláusula penal no Direito brasileiro

Ao contrário de outros ordenamentos, o Código Civil de 2002 não apresenta um conceito de cláusula penal.[240] Esta opção do legislador foi correta, pois viabiliza o trabalho sério da doutrina, que assume o constante desafio de caracterizá-la à luz das novas exigências sociais. Portanto essa omissão não impede que a jurisprudência e a doutrina desenvolvam as linhas fundamentais do tema.

Trata-se de cláusula acidental, cuja ausência em absolutamente nada prejudica a existência e a validade do contrato. É lícita, no direito brasileiro, sua estipulação em momento posterior à celebração do contrato.[241] Por consequência, desnecessária é sua inclusão no próprio contrato, embora na prática esse seja o fenômeno mais corriqueiro, por oferecer maior praticidade. Sua eventual nulidade não invalida o contrato, dado que ela é acidental. Entretanto, anulado o pacto, ela segue a mesma sorte, uma vez que acessória.[242]

As suas tradicionais funções são explicadas pela biografia do instituto. O direito, segundo interessante metáfora, seria uma história contada por milhares de pessoas, na qual cada sujeito se encarrega de escrever um trecho sucessivo. Por conseguinte, tanto melhor será a qualidade do texto, quanto mais aprofundado o conhecimento dos capítulos anteriores.

---

[240] O Código Civil português, de seu turno, caracteriza o instituto nesses termos: "As partes podem, porém, fixar por acordo o montante da indemnização exigível: é o que se chama cláusula penal".

[241] No nosso Código Civil, pelo art. 409: "A cláusula penal estipulada conjuntamente com a obrigação, ou em ato posterior, pode referir-se à inexecução completa da obrigação, à de alguma cláusula especial ou simplesmente à mora".

[242] Didática a redação do art. 1.155 do Código Civil espanhol: "La nulidad de la cláusula penal no lleva consigo la de la obligación principal. La nulidad de la obligación principal lleva consigo la de la cláusula penal".

Direito dos Contratos

119

Historicamente, apontam-se duas principais funções desempenhadas pela penal. Mais remotamente, no direito romano primitivo, servia essencialmente para reforçar o vínculo, constrangendo o devedor à perfeita prestação. Por inexistir limite para a sua estipulação, alguns autores apontam uma finalidade criminal, como o nome indica. Derivou da *stipulatio poenae* e ostentava a função de coação em favor do vínculo.[243] Se, efetivamente, a sua missão é reduzir o risco de inadimplemento, o mais adequado seria fixá-la em montante elevado, a fim de instar o devedor ao cumprimento.

Foi por influência dos canonistas que a liberdade individual, antes reinante, passa a ser limitada, inicialmente com o escopo do coibir a usura.[244] Passa-se a enfocar a penal como uma indenização pré-quantificada pelas partes.[245] Nessa perspectiva, não há sentido em arbitrar uma quantia que possa ultrapassar o efetivo prejuízo. Ela deve estar limitada ao dano previsível em decorrência do inadimplemento. Ambas as funções sobrevivem no direito, embora a segunda tenha logrado alcançar maior projeção na atualidade.

Quanto à predominância de um ou outro escopo, a doutrina nacional se divide. Para Caio Mário da Silva Pereira, "a finalidade essencial da pena convencional, a nosso ver, é o reforçamento do vínculo obrigacional, e é com este caráter que mais assiduamente se apõe a obrigação.

---

[243] Antonio Pinto Monteiro refere que "não obstante a figura ser já conhecida e largamente utilizada, ao que parece, no mundo grego, é à *stipulatio poenae* do direito romano que generalizadamente se atribui a paternidade histórica da cláusula penal" (...) "que a *stipulatio poenae* foi concebida pelos romanos essencialmente como medida de reforço das obrigações, ao serviço do interesse do credor, e a fim de este forçar o devedor ao cumprimento, é ponto que não suscita dúvidas". *Cláusula Penal e Indemnização*. Coimbra: Almedina, 1999, p. 350-354. O mesmo autor sublinha que "o direito romano não estabelecia limites ao montante da pena. As partes gozavam da liberdade de fixar a soma ou prestação que lhes aprouvesse". Op. cit., p. 357.

[244] Novamente, é esclarecedora a opinião de Pinto Monteiro sobre a influência dos canonistas na conformação atual da penal: "Seguir-se-á uma referência à contribuição dos canonistas da Idade Média, pela importância que a mesma reveste para a fisionomia actual do instituto. A derrapagem para a concepção indemnizatória do instituto ter-se-ia iniciado aqui: muitos dos equívocos e da confusão do presente devem procurar-se na construção dos canonistas, na sequência de sua tentativa de evitar que a cláusula penal servisse para contornar a proibição da usura". *Cláusula Penal e Indeminização*, p. 350.

[245] O conceito de perdas e danos é bem apreendido pela pena de Caio Mário da Silva Pereira: "Na sua apuração, há de levar-se em conta que o fato culposo privou o credor de uma vantagem, deixando de lhe proporcionar um certo valor econômico, e também o privou de haver um certo benefício que a entrega oportuna da *res debita* lhe poderia granjear, e que também se inscreve na linha do dano. Como sua finalidade é restaurar o equilíbrio rompido, seria insuficiente que o credor recebesse apenas a prestação em espécie, ou o seu equivalente pecuniário, porque assim estaria reintegrado no seu patrimônio tão somente o que lhe faltou, em razão do dano sofrido, mas continuaria o destaque correspondente ao benefício que a prestação completa e oportuna lhe poderia proporcionar. Não haveria, conseguintemente, o restabelecimento patrimonial no estado em que ficaria, se o devedor tivesse cumprido a obrigação, e, *ipso facto*, não seria indenização". *Instituições de Direito Civil*. 19. ed. Rio de Janeiro: Forense, 2000, p. 214.

A pré-liquidação do *id quod interest* aparece, então, como finalidade subsidiária, pois que nem sempre como tal se configura".[246]

Outro é o alvitre de Silvio Rodrigues, que prefere a finalidade reparatória: "A função mais importante da cláusula penal, e que se prende à sua origem histórica, é a de servir como cálculo predeterminado de perdas e danos. No contrato, encontra-se, não raro, disposição em que o credor se reserva o direito de exigir do devedor uma pena, em caso de inadimplemento. Tal pena representa o montante das perdas e danos preestabelecidos pelas partes, calculados tendo em vista o eventual prejuízo decorrente do descumprimento da obrigação".[247]

A cláusula penal é destinada a incidir ora diante do atraso, ora em razão da incumprimento definitivo. Em face dessas finalidades específicas, classificam-se as cláusulas penais em moratórias ou compensatórias. Haverá casos em que a estipulação almeja reprimir a demora. Em outros, o objetivo maior é remediar o inadimplemento. Daí as expressões: moratória, na primeira hipótese, e compensatória, na última.[248]

Longe de possuir apenas interesse acadêmico, a correta qualificação da cláusula penal serve para que o intérprete encontre as normas que regem a aplicação delas nos debates concretos. Exemplificativamente, o ordenamento, no art. 410, impede a cumulação da penal com perdas e danos. Logicamente, se trata da cláusula penal compensatória, que será manejada para a hipótese de inadimplemento da obrigação, abrindo ao credor uma alternativa entre exigir a prestação ou a pena convencionada.[249] O magistério de Pontes de Miranda é preciso, quando salienta que,

---

[246] *Instituições de Direito Civil*, p. 94. Prossegue o autor: "O efeito fundamental da pena convencional, e que pode ser assinalado como determinação cardeal, é a sua exigibilidade *pleno iure*, no sentido de que independe da indagação se o credor foi ou não prejudicado pela inexecução do obrigado. Daí autorizar a boa hermenêutica do princípio a declaração de que o credor não está obrigado a alegar e provar o prejuízo que do inadimplemento lhe resulte. O que tem a demonstrar, e isto é o pressuposto da pena convencional, é a ocorrência da inexecução, pois que a vontade das partes, neste passo soberana, não pode ser violentada, bastando assim que hajam estatuído uma técnica de libertar-se dos riscos e das delongas de uma apuração de danos". Op. cit., p. 100.

[247] *Direito Civil*. 30. ed. São Paulo: Saraiva, 2002, v. 2, p. 264.

[248] Diante da autonomia, é admissível o acúmulo de penas no instrumento contratual, como pondera Caio Mário da Silva Pereira: "Nenhuma razão existe, quer em doutrina quer em legislação, para que se repute vedado o acúmulo de penas convencionais. É lícito, portanto, ajustar uma penalidade para o caso de total inadimplemento e outra para o de mora ou com a finalidade de assegurar o cumprimento de certa e determinada cláusula". Op. cit., p. 99.

[249] Art. 410: "Quando se estipular a cláusula penal para o caso de total inadimplemento da obrigação, esta converter-se-á em alternativa a benefício do credor". A jurisprudência é correta na linha de que apenas a cláusula penal compensatória inibe a perquirição das perdas e danos: "*Recurso especial. Ação rescisória. Obrigação. Descumprimento. Cláusula penal moratória. Cumulação com lucros cessantes. Possibilidade. Violação a literal disposição de lei. Inexistência. Dissídio jurisprudencial. Ausência de similitude fática*. 1. A instituição de cláusula penal moratória não compensa o inadimplemento, pois se traduz em punição ao devedor que, a despeito de sua incidência, se vê obrigado ao pagamento de indenização relativa aos prejuízos dele decorrentes. Precedente. 2. O reconhecimento de violação a literal disposição de

---

Direito dos Contratos

121

se a cláusula penal é substitutiva ou compensatória, a pena substitui as perdas.[250]

De seu turno, não se justificaria que a coibição do atraso impedisse a percepção das perdas e danos.[251] Por isso, a penal moratória é tida como cumulativa.

Embora nos planos doutrinário e jurisprudencial não existam grandes discussões acerca da "alternatividade" aludida no art. 410 ("Quando se estipular a cláusula penal para o caso de total inadimplemento da obrigação, esta converter-se-á em alternativa a benefício do credor"), é comum o operador encontrar dificuldades na compreensão da norma. A lição de Pontes de Miranda é muito elucidativa a este respeito: "se a pena foi prometida para o caso de inadimplemento total (portanto, não bastando o adimplemento não satisfatório, ou infração de pormenor, como o tempo e o lugar) ou se exige, definitivamente, a pena ou o adimplemento".[252] A "alternativa" legal pela cláusula penal, como se observa, exclui a pretensão ao cumprimento do contrato. Entretanto, nada impede que, após frustrada a pretensão ao cumprimento do contrato, o credor opte pela cláusula penal.

Afirma-se correntemente que a cláusula penal oferece ao credor o valor prefixado das perdas e danos. Ocorrendo o inadimplemento, naturalmente incide a penal.[253] Não é necessária a comprovação exata do prejuízo sofrido, pois é esta justamente a finalidade da cláusula penal compensatória: liquidar antecipadamente o dano sofrido.[254] Livra-se o credor do penoso trabalho de demonstrar, em juízo, o volume exato de seu prejuízo, facultando-lhe executar o montante convencionado.

Sob este ângulo, a penal não deixa de representar também uma vantagem para o devedor, pela ciência antecipada acerca do risco contratual. Ainda que o dano ultrapasse o valor estipulado para a compensação, apenas quando expressamente pactuado pelas partes a indenização

---

lei somente se dá quando dela se extrai interpretação desarrazoada, o que não é o caso dos autos. 3. Dissídio jurisprudencial não configurado em face da ausência de similitude fática entre os arestos confrontados. 4. Recurso especial não conhecido." (REsp 968.091/DF, 4ª Turma, Rel. Min. Fernando Gonçalves. *DJE*: 30.03.2009).

[250] *Tratado de Direito Privado*. 3. ed. t. XXVI. Rio de Janeiro: Borsoi, 1971, p. 76-77.

[251] Art. 411: "Quando se estipular a cláusula penal para o caso de mora, ou em segurança especial de outra cláusula determinada, terá o credor o arbítrio de exigir a satisfação da pena cominada, juntamente com o desempenho da obrigação principal".

[252] Op. cit., p. 77.

[253] Não se confunda imputação com culpa, pois esta é apenas uma das formas daquela.

[254] Art. 416, *caput*: "Para exigir a pena convencional, não é necessário que o credor alegue prejuízo".

suplementar, servirá a penal como piso.[255] Reputando o credor ínfima a cláusula penal, caber-lhe-á indicar expressamente, no contrato, a possibilidade da perquirição do prejuízo ulterior, uma vez que a doutrina e a jurisprudência majoritária não admitem a majoração da penal insuficiente. Essa é justamente a principal resistência para a interpretação inversa do art. 413 do CCB, que prevê a redução da penal manifestamente excessiva e não a majoração da penal irrisória. A correção deste raciocínio, nas demandas consumeiristas, é o alvo deste estudo.

Outro benefício ao devedor, no sistema nacional, diz respeito ao limite da cláusula penal, o qual não deve ultrapassar "o da obrigação principal".[256] Discutível essa orientação, pois nem sempre a consideração do valor da obrigação será suficiente para atender ao interesse do credor.[257] Há bens imateriais a que a cláusula penal dificilmente irá atender. Isso sem contar com as obrigações de fazer e de abstenção, cujo "valor" é de difícil mensuração. De toda sorte, esta norma indica que a cláusula perde o caráter de pena e assume a natureza de pré-quantificação do dano. Englobará, de qualquer forma, todos os dados oriundos do inadimplemento, para a adequada tutela do credor.

Existem muito aspectos interessantes. Contudo, o presente ensaio irá se debruçar sobre o dito "dever" de redução da cláusula penal abusiva, para, ao final, admitir o fenômeno inverso nas relações de consumo, ou seja, a majoração da penal ínfima.

5.4. A redução judicial da penal excessiva (art. 413 do CCB)

Seguindo linha visualizada no direito comparado, o Código Civil de 2002 autorizou a redução da cláusula penal, em seu art. 413.[258] Reza o dis-

---

[255] Art. 416, parágrafo único: "Ainda que o prejuízo exceda ao previsto na cláusula penal, não pode o credor exigir indenização suplementar se assim não foi convencionado. Se o tiver sido, a pena vale como mínimo da indenização, competindo ao credor provar o prejuízo excedente".

[256] Art. 412: "O valor da cominação imposta na cláusula penal não pode exceder o da obrigação principal".

[257] Melhor é a orientação do Código das Obrigações suíço, que alude à ampla liberdade na fixação da pena, porém autoriza o controle judicial das penais abusivas: "Art. 163: 1. Les parties fixent librement le montant de la peine. 2. La peine stipulée ne peut être exigée lorsqu´elle a pour but de sanctionner une obligation illicite ou immorale, ni, sauf convention contraire, lorsque l´exécution de l´obligation est devenue impossible par l´effet d´une circonstance dont le débiteur n´est pas responsable. 3. Le juge doit réduire les peines qu´il estime excessives". É que, a nosso sentir, não é apenas o fato da penal superar o valor da "obrigação" que caracterizaria automaticamente sua abusividade.

[258] O direito argentino consagrava o princípio da imutabilidade da penal. Contudo, diante da jurisprudência majoritária que suavizava a regra, houve a introdução do parágrafo único ao art. 656, autorizando a redução da pena. Aplaudiu a reforma Guillermo Borda: "La jurisprudencia habia decidido,

---

Direito dos Contratos

123

positivo que "a penalidade deve ser reduzida equitativamente pelo juiz se a obrigação principal tiver sido cumprida em parte, ou se o montante da penalidade for manifestamente excessivo, tendo-se em vista a natureza e a finalidade do negócio".

A ideia de redução – e não de majoração – pode ser explicada por duas razões. Inicialmente, a experiência demonstra que, nas últimas décadas, o abuso do direito ocorria pela cláusula penal excessiva, e não pela ínfima. Em segundo plano, o ordenamento oferece uma possibilidade abstrata para que os contratantes corrijam a penal insuficiente, qual seja a autorização para que o contrato admita expressamente a indenização complementar.[259]

Como referido, a norma segue a tendência de outros ordenamentos. Por ilustração, o Código Italiano (1942) autoriza *riduzione della penale*, pela via da equidade, quando a obrigação principal é parcialmente executada ou na hipótese de o montante da cláusula penal ser manifestamente excessivo, indicando como critério de aferição o interesse do credor no resultado do adimplemento.[260] A norma amplia a previsão do direito francês, cujo *Code* (1804) apenas admite o ajuste quando comprovado o benefício gerado pela execução parcial.[261]

---

con toda razón, que los jueces pueden reducir las penas cuando éstas sean a todas luces abusivas y desproporcionadas con el perjuicio ocasionado con el incumplimiento. Esta jurisprudencia ha sido consagrada por la ley 17.711, que agregó al art. 656 un párrafo según el cual: los jueces podrán, sin embargo, reducir las penas cuando su monto desproporcionado con la gravedad de la falta que sancionan, habida cuenta del valor de las prestaciones y demás circunstancias del caso, configuren un abusivo aprovechamiento de la situación del deudor." *Derecho de Obligaciones*, p. 123.

[259] Essa justificativa é bem apreendida pela Professora Ana Prata: "Se é certo que da estrita noção legal não emerge qualquer elemento que esclareça um significado funcional da pena, que exceda o da liquidação preventiva da indenização – e por isso mesmo – parece sintomático da ideia de que a lei considera a cláusula penal como um instrumento privilegiado de protecção do credor o vir admitir que as partes, do mesmo passo que a estipulam, prevejam o seu afastamento, se ela se não mostrar adequada a desempenhar tal papel. Não obstante a vantagem que sempre para o credor decorre da simplificação de exercício do direito indenizatório que a cláusula penal consubstancia, pode ele entender que tal vantagem não é compensada pela diferença quantitativa entre o seu valor por defeito e o dos danos: e, nesse caso, optará pela aplicação do regime legal da responsabilidade contratual, obtendo a indenização correspondente aos prejuízos que realmente sofreu. A regra é a de que a cláusula penal constitui sempre uma liquidação definitiva dos danos, fixa sempre o montante indiscutível da indemnização exigível, excepto quando as partes, prevenindo o risco de o credor ser prejudicado pela cláusula, salvaguardem a aplicação do regime legal, se o credor vier a preferi-lo, ou quando, sendo o incumprimento doloso, tal aplicação prescinda da convenção das partes". *Cláusulas de exclusão e limitação da responsabilidade contratual*. Coimbra: Almedina, 2005, p. 647.

[260] Art. 1384: "Riduzione della penale. La penale può essere diminuita equamente dal giudice, se l'obbligazione principale è stata eseguita in parte ovvero se l'ammontare della penale è manifestamente eccessivo, avuto sempre riguardo all'interesse che il creditore aveva all'adempimento (1181, 1526-2, att. 163)".

[261] Art. 1231: "Lorsque l'engagement a été exécuté en partie, la peine convenue peut, même d'office, être diminuée par le juge à proportion de l'intérêt que l'exécution partielle a procuré au créancier, sans préjudice de l'application de l'article 1152. Toute stipulation contraire sera réputée non écrite".

Adotando semelhante entendimento, o Código Civil português (1966) impõe que a análise acerca do excesso da cláusula seja realizada mediante a consideração das circunstâncias supervenientes à formação do contrato. Objetiva a conservação do sinalagma funcional e sinaliza interesse público na matéria ao afastar toda estipulação em sentido contrário. O legislador igualmente faz apelo à equidade.[262]

Como se observa, ainda que em face de apenas três exemplos escolhidos, na maioria dos sistemas que regulam a figura da cláusula penal, existe autorização expressa para a redução judicial. A doutrina, nessa linha, aplaude a excepcional autorização legislativa para o magistrado atuar dentro do conteúdo do contrato, a fim de *reequilibrá-lo.*

Não surpreende, portanto, que o Código Civil de 2002, elaborado na década de 1970, contemple uma disciplina bastante próxima de seus irmãos europeus. Entretanto, a "nova" previsão traz diversas questões complexas, a começar pelos critérios que deveriam guiar a intérprete na aferição da abusividade da penal.

Com razão, caso não seja alcançado um consenso científico acerca dos limites de aplicação do dispositivo, surgirá o risco de grave insegurança jurídica a partir da atuação do Poder Judiciário. Não há dúvidas que a norma é um marco importante, por sublinhar o caráter relacional do direito, na busca pela tutela eficaz do credor, sem a ruína completa do devedor. Contudo, se mal utilizada pelos juízes, trará o inconveniente de promover uma nova forma de dirigismo judiciário, despido de fundamento e perigoso.[263]

Percebendo a importância de um debate sério acerca dos limites da aplicação do art. 413, parcela da doutrina apresenta critérios objetivos passíveis de utilização pelo intérprete. A professora Judith Martins-Costa destaca os seguintes dados: 1) a espécie da cláusula penal, se coercitiva ou substitutiva; 2) sua modalidade, se moratória ou compensatória; 3) diferença entre o valor do prejuízo efetivo e o montante da pena; 4) a valorização do interesse do credor; 5) a gravidade da infração ao contrato e o grau de culpa do devedor; 6) o efetivo poder negociatório das partes; 7) as vantagens que o não cumprimento pode trazer ao devedor; 8) a consideração da totalidade do contrato e da relação por ele instaurada; 9) as

---

[262] Eis a redação do art. 812º (Redução equitativa da cláusula penal): "1. A cláusula penal pode ser reduzida pelo tribunal, de acordo com a equidade, quando for manifestamente excessiva, ainda que por causa superveniente; é nula qualquer estipulação em contrário. 2. É admitida a redução nas mesmas circunstâncias, se a obrigação tiver sido parcialmente cumprida".

[263] Pela pertinência, utilizamos a expressão de Jean-Luc Aubert, ao apresentar a teoria solidarista do contrato: "Le theorie a le mérite de rappeler la nécessaire vigilance à l'endroit des excés de l'individualisme. Mais, si elle peut, comme telle, constituer un moteur pour la doctrine et un modèle pour le legislateur, elle présente l'inconvenient de promouvoir un nouveau dirigisme généralisé et, surtout, un dirigisme judiciaire dépourvu de fondement et dangereux". *Le Contrat*, p. 27.

Direito dos Contratos

peculiaridades da fase formativa do negócio; 10) os fatos relevantes na fase de desenvolvimento; e, por fim, 11) a análise do contexto negocial, com a valorização dos usos e costumes do mercado específico, no qual é celebrado o contrato.[264]

Todas essas diretrizes são importantes, a começar pelo reconhecimento da função desempenhada pela cláusula penal discutida, pela natureza do negócio, pelo interesse do credor e o próprio comportamento do devedor.[265] Um exemplo auxilia a colocação do problema. Suponhamos a celebração de um contrato de agência, no qual é inserta previsão no sentido de que, diante do inadimplemento do agente, deve ele indenizar o agenciado em determinado valor. O mesmo contrato fixa a diretriz no sentido de que a atuação do agente deve produzir uma receita mínima anual próxima a 100. Caracterizada que a atividade do agente produziu um acréscimo patrimonial de 80, já incorporado ao acervo do agenciado, a plena incidência de cláusula penal compensatória – destinada a servir como todas as perdas e danos pelo inadimplemento integral – geraria um grave desequilíbrio, pois desconsidera a atuação do devedor, que quase atingiu a meta. Nessas situações, em que o devedor cumpre parcialmente a avença, de sorte a oferecer alguma satisfação ao credor, soaria injusto premiar o credor com todo o produto da cláusula penal, olvidando-se o benefício parcial a si gerado pela atuação do devedor.

Admitir a redução da cláusula penal, diante da hipótese de execução parcial, permite a harmonização dos princípios de direito contratual. Porém, a norma nada diz a respeito da simetria entre o percentual adimplido e o desconto da penal. É que haverá casos, e não poucos, em que o inadimplemento, embora reduzido, atingirá em cheio o interesse do credor, de sorte que a redução postulada não poderá ser matematicamente calculada tão somente a partir do quanto adimplido.[266]

Outra questão que surge a partir do art. 413 diz respeito à possibilidade de as partes renunciarem ao benefício nele instituído. Será viável que o devedor, de forma antecipada, renuncie ao direito de postular a redução equitativa do montante, quando arbitrariamente fixado? O princí-

---

[264] Op. cit., p. 69-70.

[265] "Agravo regimental no agravo de instrumento. Contrato de promessa de compra e venda. Rescisão contratual. Inadimplência. Cláusula penal. Art. 53 do CDC. Agravo regimental improvido. I – A estipulação de multa contratual de 10% sobre o valor total do contrato, em caso de desfazimento do acordo, não ofende o disposto no art. 53 do CDC, porquanto apenas parte do valor total já pago será retido pelo fornecedor. II – Não se conhece do recurso especial pela divergência, quando a orientação do Tribunal se firmou no mesmo sentido da decisão recorrida (Súmula 83 do STJ). Agravo Regimental improvido" (AgRg no Ag 748.559/MG, 3ª Turma, DJE: 08.10.2008).

[266] Nesse passo, acertou o Enunciado nº 413 da Jornada de Estudos da Justiça Federal, ao reputar que "a redação do art. 413 do Código Civil não impõe que a redução da penalidade seja proporcionalmente idêntica ao percentual adimplido".

pio da autonomia privada autorizaria o acerto entre os contraentes nesse sentido?

O tema foi alvo de debates na I Jornada de Estudos de Direito Civil, promovida pela Justiça Federal. Foi aprovado o Enunciado n° 355, pelo qual "não podem as partes renunciar à possibilidade de redução da cláusula penal se ocorrer qualquer das hipóteses previstas no art. 413 do Código Civil, por se tratar de preceito de ordem pública". É a posição da doutrina majoritária.[267]

Argumentos sólidos levaram eminentes professores a subscrever o enunciado, a começar pela aspiração de equidade. Entretanto, ousamos divergir de sua redação, a qual peca pela radical abstração. O enunciado, tal como aprovado, não explicita se a sua incidência é limitada a contratos de consumo, civis ou empresariais. É justamente essa ausência de precisão, quanto ao seu efetivo alcance, que perturba a vida negocial.

Data venia, no plano abstrato, nada tem de ilegal a previsão pela qual as partes renunciam ao direito de postular a redução judicial do valor, desde que produzida pelo livre exercício negocial das partes. A negociação entre os contraentes é a melhor forma para se encontrar o equilíbrio e o interesse das partes, na fixação do "justo valor da penal" deve ser considerado, até mesmo com o objetivo de eliminar o risco de atuação judicial aleatória. Há sentido em se desconsiderar cláusula contratual, firmada por duas grandes empresas, dando conta da não incidência do art. 413?

Ademais, qualquer cláusula somente pode ser adequadamente compreendida pelo todo contratual. É possível – e provável – que a renúncia tenha produzido algum outro efeito dentro do contrato, como a influência no preço ou nas condições de prazo etc. O enunciado aprovado não faz qualquer tipo de ressalva, o que promove um paternalismo judiciário desnecessário.

Embora os critérios para guiar a atuação do juiz estejam sendo indicados pela doutrina, as partes, mediante a renúncia, podem ampliar a própria satisfação, evitando o risco de interferência judicial no contrato.[268] São os contraentes (e não o magistrado) os principais atores do tráfego negocial e, por tal razão, se encontram em melhores condições que os profissionais do direito para arbitrá-la com razoabilidade. A renúncia, dentro dessa perspectiva, conserva às partes o direito de encontrar o ponto de

---

[267] Interessante o trabalho de Tatiana Florence, onde defende, à luz das premissas da constitucionalização do direito privado e da jurisprudência do STJ: "Resta definitivamente afastada a possibilidade de as partes dispensarem a apreciação do Judiciário a respeito da redução da penal convencional." *Aspectos Pontuais da Cláusula Penal*, p.529. Esta é a opinião amplamente majoritária em doutrina, com a qual não concordamos.

[268] Em tese, uma cláusula, de determinado valor, pode ser tida como adequada pelo contraente e excessiva pelo magistrado. Daí a autorização legislativa para que as partes limitem a atuação do juiz.

Direito dos Contratos

equilíbrio, evitando o risco de que a vontade de terceiro (juiz ou árbitro) substitua a avaliação realizada pelos contraentes.

Entretanto, esse raciocínio desenvolvido no plano abstrato não impede que, no caso concreto, algum abuso seja diagnosticado. Isto é, a renúncia não deve servir de disfarce do ilícito. É o que, infelizmente, muitas vezes ocorre no mercado de consumo. Certamente, haverá casos em que lícita será sua desconsideração, em prol da afirmação de outros princípios obrigacionais relevantes.

Portanto, a admissão de que, no plano abstrato, lícita se mostra a renúncia ao benefício do art. 413 do CCB não impede que, no plano concreto, à luz das premissas de ilicitude do Código Civil (especialmente o art. 187) e da consideração global do relacionamento obrigacional, seja reconhecida a abusividade no seu exercício.

Por fim, surge o problema da consideração oficiosa do tema. Ou seja, poderá o magistrado, sem a iniciativa formal da parte interessada, revisar o contrato neste tópico, a pretexto de equilibrá-lo? A doutrina majoritária, em solo brasileiro, irá se posicionar favoravelmente, como dá conta o Enunciado n° 356, da novamente lembrada Jornada de Direito Civil: "Nas hipóteses previstas no art. 413 do Código Civil, o juiz deverá reduzir a cláusula penal de ofício".[269]

Esta conclusão é equivocada por duas razões fundamentais.

A primeira reside na manifesta ofensa ao princípio constitucional do contraditório. Ora, quando uma parte não postula a atuação do juiz sobre determinado ponto, dificilmente a outra, por mais diligente que seja, irá se preocupar em debatê-lo. Sem o debate prévio das partes, acerca da abusividade da penal, a chance de o magistrado trazer benefício ao relacionamento obrigacional é mínima. A ciência processual já ensinou as vantagens do contraditório, enquanto método de trabalho. Quanto maior for o debate entre os sujeitos envolvidos, maior será a chance da decisão aproximar-se da justiça.

Em segundo plano, a pronúncia oficiosa do magistrado implica desconsideração do princípio dispositivo, pelo qual compete a cada pessoa cuidar de sua própria esfera de direitos. Se o contraente pede ao magis-

---

[269] O autor Eduardo Henrique Brennand Dornelas Câmara defende argumento contrário. Em interessante estudo, admite a revisão oficiosa, justificando sua posição inclusive pela redação da norma: "Notemos que a nova lei usa o verbo dever. Nesse caso, a redução passa a ser definitivamente um dever do juiz, e não mais uma faculdade. Cabe ao juiz, também no caso concreto, reduzir a multa se esta for manifestamente excessiva, levando-se em conta a natureza e a finalidade do negócio. O campo é o da equidade". O texto apresenta a posição de diversos autores em idêntico sentido, como Carlos Roberto Gonçalves e Sílvio Venosa. (Da redução *ex officio* da cláusula penal prevista em acordo. Enfoque à luz do artigo 413 do Código Civil. Disponível em: <http://bdjur.stj.gov.br>. Acesso em: 10 maio 2010).

trado algo diverso (como o cumprimento, resolução, etc.), a sentença que atua em outro plano, por melhor que tenha sido a intenção de seu prolator, tampouco ajuda a segurança contratual. Haverá o grave risco do juiz desagradar a ambas as partes. Cumpre ao interessado levantar o tema, ainda que o faça na via incidental em algum momento do processo.[270]

Por tais razões, reputamos incoerente e ilegal a atuação oficiosa do juiz nesse particular, de forma que competirá ao interessado postular a redução da penal. Seu pronunciamento quanto à abusividade, longe de oferecer segurança para os contraentes, irá assombrá-los.[271]

Outra questão complexa diz respeito à admissibilidade do magistrado, a partir da *ratio* autorizadora da redução da penal, elevá-la para reequilibrar a relação obrigacional. Poucos são os autores que subscrevem tal possibilidade, a qual, ao menos no plano literal, colide com o art. 413 do CCB.

Entretanto, são, no mínimo, merecedores de atenção os argumentos lançados pela Professora Ana Prata, a partir dos princípios que informam o direito contratual contemporâneo: "Não parece inviável que, em alguns casos, possa o credor obter a modificação do contrato, com aumento da indenização convencional, desde que demonstre que a inadequação desta, por defeito, é tão gravosa para si, que é iníqua a situação resultante de tão insuficiente remédio para as consequências da frustração do seu interesse. E isto tanto no caso de a manifesta insuficiência emergir de uma não intencional desajustada previsão da pena, como naquele outro, de ocorrência de qualquer causa superveniente amplamente agravadora dos prejuízos. Parece, pois, possível afirmar que a especial previsão do art. 812 não constitui uma solução excepcional de um problema específico, mas uma aplicação do princípio geral da boa-fé no exercício dos direitos contratuais, cuja expressa previsão se explica historicamente, e cuja *ratio* procede identicamente no caso de ser o credor o lesado pela cláusula".[272]

O próximo tópico defenderá a possibilidade de majoração da penal nas relações de consumo, matéria atualíssima no direito brasileiro.

---

[270] Essa iniciativa pode ocorrer através da propositura de demanda com o fim de revisá-la ou mediante defesa, quando postulado o pagamento. O fundamental é que o devedor lance nos autos o argumento da abusividade, para legitimar a atuação do juiz. Acerta Antonio Pinto Monteiro, quando afirma que "a primeira condição a preencher para que o tribunal possa ajuizar sobre o montante excessivo da pena, é que o devedor solicite a sua redução, ainda que tão só de forma indirecta e mediata, contestando o seu elevado valor". *Cláusula Penal e Indemnização*, p.735.

[271] Roberto Calvo reputa paternal a postura do magistrado que considera oficiosamente a penal fixada pelas partes. *Il Controllo della penale eccessiva tra autonomia privata e paternalismo giudiziale.*

[272] *Cláusulas de exclusão e limitação da responsabilidade contratual.* Coimbra: Almedina, 2005, p.650.

Direito dos Contratos

5.5. A majoração da penal para o equilíbrio da relação de consumo

O regramento da cláusula penal, no Código Civil, é bastante razoável, na harmonização dos interesses dos contraentes.[273] Por tal razão, sua utilização em outras áreas do direito, ainda que mais específicas, como o direito do consumidor, em tese é plenamente justificada. O pluralismo das fontes é uma das marcas do direito contemporâneo. Para melhor atender a esse fenômeno – que é social –, novas técnicas são apresentadas com o intuito de oxigenar o sistema, que conserva seu ideal de coerência. Nesse sentido, o método do diálogo das fontes mostra-se extremamente útil para o intérprete, na medida em que amplia o horizonte de pesquisa para a decisão. Como bem sublinhou o Professor Erik Jayme, "antes se considerava apenas a ideia de hierarquia entre as fontes e não a de uma aplicação simultânea, de um diálogo entre elas".[274] Não se busca retirar qualquer das fontes do sistema, mas conjugá-las, através de diálogo.[275]

Atualmente, pois, para se encontrarem as melhores soluções práticas e a própria coerência do sistema, é fundamental que o operador não isole uma ou outra fonte jurígena, mas a coteje com as demais. Essa mensagem é bem recebida pelo Código de Defesa do Consumidor, quando, em seu art. 7º, introduz uma janela de abertura, para admitir a consideração de outras fontes de direito capazes de atender aos seus objetivos.[276]

---

[273] A harmonia da relação de consumo é expressamente buscada pela incidência do Código de Defesa do Consumidor, como se vê do art. 4º: "A Política Nacional das Relações de Consumo tem por objetivo o atendimento das necessidades dos consumidores, o respeito à sua dignidade, saúde e segurança, a proteção de seus interesses econômicos, a melhoria da sua qualidade de vida, bem como a transparência e harmonia das relações de consumo, atendidos os seguintes princípios: I – reconhecimento da vulnerabilidade do consumidor no mercado de consumo; (...) III – harmonização dos interesses dos participantes das relações de consumo e compatibilização da proteção do consumidor com a necessidade de desenvolvimento econômico e tecnológico, de modo a viabilizar os princípios nos quais se funda a ordem econômica (art. 170 da Constituição Federal), sempre com base na boa-fé e equilíbrio nas relações entre consumidores e fornecedores (...)".

[274] Direito Internacional Privado e Cultura Pós-Moderna. *Cadernos do Programa de Pós-Graduação em Direito – PPGDir./UFRGS*, v. 1, n. 1, p.114, mar. 2003.

[275] Aliás, correta Cláudia Lima Marques, ao asseverar que "diálogo pressupõe o efeito útil de dois (*di*) e uma lógica ou fala (*logos*), enquanto o 'conflito' leva à exclusão de uma das leis e bem expressa a monossolução ou o 'monólogo' de uma só lei. Este esforço para procurar novas soluções plurais está visando justamente a evitar-se a 'antinomia' (conflitos 'pontuais' da convergência eventual e parcial do campo de aplicação de duas normas no caso concreto) pela correta definição dos campos de aplicação. Evitar, assim, a 'incompatibilidade' total ('conflitos de normas' ou conflitos entre normas de duas leis, conflitos 'reais' ou 'aparentes'), que leve à retirada de uma lei do sistema, a qual levaria à 'não coerência' do sistema plural brasileiro, que deixaria desprotegido os sujeitos mais fracos, que a Constituição Federal de 1988 visou a proteger de forma especial, os consumidores". *Superação das antinomias pelo diálogo das fontes*: o modelo brasileiro de coexistência entre o Código de Defesa do Consumidor e o Código Civil de 2002, p. 44.

[276] Reza a norma, art. 7º, *caput*: "Os direitos previstos neste código não excluem outros decorrentes de tratados ou convenções internacionais de que o Brasil seja signatário, da legislação interna ordinária,

Desta forma, a admissão da analogia entre o regramento da cláusula penal no Código Civil para a definição das demandas que envolvem relação de consumo não impede que suas peculiaridades sejam apreendidas, inclusive com apego a outros princípios específicos. Entre estes, observa--se a preocupação com o "equilíbrio mínimo". É que o Código de Defesa do Consumidor almeja a harmonização dos interesses dos sujeitos envolvidos no mercado, inclusive (ou principalmente) pela adoção de técnicas protetivas às pessoas que são consideradas hipossuficientes.

Como bem exposto pela pena da Professora Cláudia Lima Marques: "efetivamente, com o advento do CDC, o contrato passa a ter seu equilíbrio, conteúdo ou equidade mais controlados, valorizando-se o seu sinalagma. Segundo Gernhuber, sinalagma é um elemento imanente estrutural do contrato, é a dependência genética, condicionada e funcional de pelo menos duas prestações correspectivas, é o nexo final que oriundo da vontade das partes é moldado pela lei. Sinalagma não significa apenas bilateralidade, como muitos acreditam, influenciados pelo art. 1.102 do *Code Civil* francês, mas sim contrato, convenção, é um modelo de organização (*Organisationsmodell*) das relações privadas. O papel preponderante da lei sobre a vontade das partes, a impor uma maior boa-fé nas relações no mercado, conduz o ordenamento jurídico a controlar mais efetivamente este sinalagma e, por consequência, o equilíbrio contratual. (...) o desequilíbrio significativo de direitos e deveres, em detrimento do consumidor, na relação contratual vista como um todo passa a ser indício de abuso, a chamar a ação reequilibradora do novo direito contratual em sua visão social".[277]

Essa visão social considera o fenômeno das contratações via adesão, presente em todo o mundo. Por um lado, não há como se negar que o contrato *standard*, oferecido pelo fornecedor possui vantagens para a sociedade, como a redução dos custos, a celeridade e a racionalização da atividade econômica. Por outro, entretanto, pode viabilizar a excessiva limitação dos direitos de uma parte, em favor de expectativas, nem sempre legítimas, da outra.[278] Isso explica a preocupação observada em estabelecer regras para a atuação estatal no conteúdo dos contratos, tanto pela via judicial quanto administrativa.

Nesse contexto, a utilização da cláusula penal, como qualquer outro elemento do contrato, pode ser desvirtuada. Em vez de ser um símbolo

---

de regulamentos expedidos pelas autoridades administrativas competentes, bem como dos que derivem dos princípios gerais do direito, analogia, costumes e equidade".

[277] *Contratos no Código de Defesa do Consumidor*. 4. ed. São Paulo: RT, 2000, p. 240-241.

[278] À luz do CDC, em linha de princípio, as cláusulas que exonerem ou limitem excessivamente a responsabilidade da empresa são tidas como nulas, como se vê, ilustrativamente, das previsões insertas no art. 25 e no art. 51, I.

do encontro de vontades e da saudável tutela da relação obrigacional, em alguns casos, ela reflete a assunção de vantagens não autorizadas pela ordem jurídica. Ao mesmo tempo, pode servir para a limitação ilícita dos direitos reconhecidos pelo ordenamento. É que, como pondera Antonio Pinto Monteiro, "acontecerá frequentemente que a empresa, valendo-se da situação de força que a sua posição no mercado lhe confere e da forma como este contrato é estabelecido, aproveite para inserir cláusulas abusivas ou injustas, sem consideração pelos interesses da contraparte, máxime se o aderente não passa de simples consumidor final, explorando, quantas vezes, a situação débil deste. Daí a necessidade de controlo dos contratos de adesão se faça sentir, quer ao nível da tutela da vontade do aceitante, quer ao nível de uma fiscalização do conteúdo das condições gerais do contrato, ditada por razões de justiça comutativa".[279]

O contraente, ademais, tende a confiar no próprio adimplemento, quiçá emocionado pela satisfação idealizada no contrato. A experiência demonstra que a pessoa, ao encetar uma relação obrigacional, menos pensa no eventual fracasso que no êxito; afinal, para a felicidade de todos, a imensa maioria dos relacionamentos gera satisfação mútua.[280] Essa naturalidade também favorece a inserção contratual de elementos que em nada refletem a verdadeira intenção das partes.

Nesse sentido, no cotidiano forense, observa-se uma situação no mínimo curiosa. Sucede que a cláusula penal, tantas vezes utilizada na história para viabilizar o recebimento de indenizações manifestamente superiores ao dano, passa a constar nos contratos para reduzir significativamente a reparação do dano sofrido por uma das partes. Ou seja, a empresa lança mão da penal em favor do consumidor para limitar ao máximo a sua responsabilidade, na hipótese de inadimplemento do pacto. A cláusula penal, nesses casos, em vez de reforçar o vínculo, constrangendo o devedor para o pontual adimplemento, serve-lhe de escudo para o atraso ou o inadimplemento da prestação.

No Brasil, essa realidade parece ainda não ter sido identificada pela doutrina, lamentavelmente. Um passeio pela jurisprudência permite visualizar o seguinte argumento: quando o julgador se depara com cláusu-

---

[279] *Cláusula Penal e Indemnização*, p. 750.

[280] A ponderação de Antonio Pinto Monteiro é oportuna: "Tratando-se de simples promessa a cumprir no futuro, facilmente se será tentado a aceitar qualquer pena, ainda que se afigure excessiva, pois a possibilidade de se vir a incorrer nela surge como hipótese distante e remota. A natural inclinação para aceder, de forma ligeira, a uma cláusula penal que se destina a actuar somente no futuro – cuja aplicação efectiva não passa de mera eventualidade, e que, na maioria dos casos, quem se lhe submete o faz na ilusão de não vir a incorrer nela – favorece a outra parte na definição de sanções que podem mostrar-se especialmente gravosas e abusivas. Igualmente uma avaliação exagerada do dano previsível pode levar a que a liquidação antecipada se revele de todo inadequada a um fim indemnizatório". *Cláusula Penal e Indemnização*, p. 718.

las penais distintas na relação de consumo, busca a sua equalização, o que se dá com a redução da penal abusivamente fixada em favor do fornecedor. Nem sequer se cogita quanto à majoração da cláusula penal ínfima fixada em favor do consumidor e que atenua arbitrariamente a responsabilidade da empresa. É neste ponto que reside o equívoco.

Imagine-se a hipótese em que a empresa construtora se compromete a indenizar o consumidor, em virtude do atraso da obra, em 0,4% mensais sobre os valores pagos pelo comprador. Caso o saldo devedor seja corrigido por índice cuja variação supere o percentual acima referido, dependendo do caso, o débito do consumidor nem mesmo irá ser reduzido. Ao contrário, em razão do atraso alheio, será cada vez maior. A mesma quebra de isonomia e de equilíbrio ocorre quando o contrato prevê cláusulas penais em desfavor do consumidor calculadas sobre montante diverso daquele que é tido como parâmetro ao fornecedor. Ainda que o percentual seja idêntico, a incidência sobre maior ou menor valor de referência, logicamente, leva a resultados práticos distintos. Outra situação, por vezes doentia, é o estabelecimento de percentuais distintos para o inadimplemento de um e outro participante.

Em tais casos, normalmente, o que se observa é que a jurisprudência e a doutrina – no afã de proteger a parte hipossuficiente – postulam a redução da penal benéfica à empresa, na linha do Código Civil. Essa solução pode ser extremamente útil para o consumidor inadimplente. Mas é irrelevante – para não dizer ilegal e injusta – para o consumidor que se depara com o inadimplemento da contraparte. Para este cidadão, a melhor alternativa seria equilibrar a relação de consumo, mediante a majoração da cláusula penal desfavorável à empresa, pois é ela que irá lhe garantir a reparação do dano contratual experimentado.

Nos exemplos hipotéticos, o cotejo da diferença das cláusulas penais fixadas para o inadimplemento da empresa e do consumidor pode caracterizar a abusividade de qualquer uma das previsões. A cláusula penal poderá ser tida por irrisória ou excessiva, a depender do beneficiário e, principalmente, da realidade subjacente ao contrato. E em ambas as hipóteses, a nosso sentir, podem ser reavaliadas pelo juiz, à luz dos princípios que guiam o Código de Defesa do Consumidor, pois o norte é o equilíbrio.[281]

---

[281] "Agravo regimental. Agravo de instrumento. Recurso especial. Contrato de financiamento de imóvel. Rescisão contratual. Cláusula penal. Percentual a ser retido pelo promitente vendedor. I – É abusiva a cláusula que fixa a multa pelo descumprimento do contrato com base não no valor das prestações pagas, mas no valor do imóvel, onerando demasiadamente o devedor. II – Em caso de resilição unilateral do compromisso de compra e venda, por iniciativa do devedor, é permitida a retenção de 25% do valor das prestações pagas, pela alienante, a título de ressarcimento com as despesas administrativas do contrato. Agravo improvido." (AgRg nos EDcl no Ag 664744/MG, Rel. Min. Sidnei Benetti. *DJE*: 11.09.2008).

Direito dos Contratos

133

Não custa lembrar que, entre as cláusulas tidas por abusivas no catálogo do diploma, encontram-se aquelas que "atenuam ou exoneram a responsabilidade do fornecedor" (art. 51, I, do CDC), bem como aquelas que estabeleçam "obrigações consideradas iníquas e abusivas, que coloquem o consumidor em desvantagem exagerada, ou sejam incompatíveis com a boa-fé ou a equidade" (art. 51, II, do CDC), pois é vedado ao fornecedor "exigir do consumidor vantagem manifestamente excessiva" (art. 39, V, do CDC). É direito básico do hipossuficiente "a modificação das cláusulas contratuais que estabeleçam prestações desproporcionais" (art. 6º, V, do CDC). Estas normas existem e precisam ser realizadas no cotidiano.[282]

Ainda na linha do Código, reputam-se exageradas as vantagens ao fornecedor quando ofendidos os princípios fundamentais do sistema jurídico a que pertence; restringidos direitos ou obrigações fundamentais inerentes à natureza do contrato, de tal modo a ameaçar seu objeto ou o equilíbrio contratual; e ocasionarem onerosidade excessiva para o consumidor, considerando-se a natureza e o conteúdo do contrato, o interesse das partes e outras circunstâncias peculiares ao caso (art. 51, § 1º, do CDC).

Por fim, tampouco se deve olvidar que "as cláusulas contratuais serão interpretadas de maneira mais favorável ao consumidor", conforme art. 47 do CDC e o art. 423 do CCB.[283] A interpretação benévola não indica, *a priori*, a redução do montante excessivo ou a majoração da penal irrisória, pois a solução irá depender do comportamento do consumidor na dinâmica obrigacional.

Da análise das normas citadas, conclui-se que é justamente o *equilíbrio mínimo* que deve guiar o intérprete na revisão da cláusula penal, quer para reduzi-la, quando abusiva, quer para majorá-la, quando ínfima. Trata-se de duas faces da mesma moeda, que afetam o equilíbrio da relação obrigacional e autorizam a revisão judicial.[284]

---

[282] Eis o alerta do grande René Demogue: "un droit qui répondrait pas en fait à l´intérêt qu´il doit satisfaire, c´est donc une sorte d´arme rouillée qui ne peut être d´aucun usage. Ce n´est que l´ombre d´un droit". *Les Notions Fondamentales du Droit Privé*. Paris: Editions La Mémoire du Droit, 1911, (reimpresion), p. 10.

[283] Art. 423 do CCB: "Quando houver no contrato de adesão cláusulas ambíguas ou contraditórias, dever-se-á adotar a interpretação mais favorável ao aderente". Mais ampla é a diretriz do Código Civil da Argélia, quando apresenta uma norma geral para guiar a atividade do juiz diante de contrato de adesão: Art. 110: "Lorsque le contrat se forme par adhésion, le juge peut, si le contrat contient des clauses léonines, modifier ces clauses ou en dispenser la partie adhérente et cela, conformément aux règles de l´équité. Toute convention contraire est nulle".

[284] Sobre o trabalho do jurista na identificação da função efetiva dos institutos, refere Tullio Ascarelli: "Non è inutile pel giurista passare a volte a considerare la funzione assolta dall´istituto giuridico nella realtà di un luogo e di una epoca determinata. Sarà così condotto fuori da quella considerazione formale e strutturale che è tipica della scienza giuridica per entrare invece nel campo storico e sociologico, ma questa escursione non gli sarà inutile per un miglior apprezzamento della realtè sociale anche

Essa coerência reclamada, a partir da realidade social e da abstração da norma, leva à conclusão de que, em sede de relação de consumo, não apenas a redução da penal excessiva vai autorizada, mas também a majoração da indenização ínfima. Tal solução livra o consumidor da penosa tarefa de demonstrar cabalmente o dano sofrido (não raro uma *probatio diabolica*)

Encontra-se, assim, outra via de mão dupla no Código, a merecer a devida atenção do intérprete.

5.6. Conclusões

O instituto da cláusula penal está presente na grande maioria dos sistemas contemporâneos e desempenha importantes funções no direito obrigacional, como o estímulo ao adimplemento e a quantificação *forfataire*. A interpretação do regramento da cláusula penal brasileira deve levar em conta os princípios que orientam o direito contratual, a saber: autonomia privada, boa-fé objetiva, relatividade de efeitos e função social do contrato, bem como o equilíbrio.

O norte do sistema, ao autorizar a redução da penal excessiva, é alcançar um mínimo de equilíbrio no panorama obrigacional, protegendo o contraente do abuso no exercício jurídico alheio. Este escopo não vem sendo atingido quando, no debate judicial, o magistrado se depara com cláusulas penais ínfimas, que atenuam ou afastam a responsabilidade da empresa, prejudicando o consumidor.

Tanto a penal excessiva quanto a ínfima podem afetar o equilíbrio do contrato. A primeira, porque premia o credor com o recebimento de indenização manifestamente superior àquela que seria devida pelo critério da previsibilidade do dano. A segunda, na medida em que atenua

---

dal punto di vista giuridico. Chè altrimenti il giurista corre il rischio di venir meno al suo compito che è poi quello dell´applicazzione di un corpus juris costituito a una realtà continuamente mutevole e perciò necessariamente suppone non solo la conoscenza di detta realtà, ma la conoscenza del modo come in essa operino, di fatto, le varie forme, della funzione effettivamente assolta dai vari istituti. Chè questi, sembre inutile ricordarlo, assolvono con frequenza una funzione diversa da quella tipica alla quale si ispira la loro struttura ed è logicamente la funzione effettivamente assolta e non quella tipica, l´elemento fondamentale nella realtà storica e il punto di partenza nell´apprezzamento critico. Qualunque sistema giuridico, nella varietà degli elementi diversi e contrastanti che lo compongono e che lo sforzo dell´interprete mira a ordinare in un sistema coerente, rappresenta sempre, entro certi limiti, uno schema tramandato – seppure a volte da pochi anni – che si contrapponde a una realtà perennemente mutevole. C´è perciò sempre come una tensione tra qualunque sistema giuridico e la realtà sociale; perciò tra qualunque sistema giuridico dato e la sua effetiva applicazione; tra la struttura e la funzione tipica in un istituto, da un lato, e la sua funzione reale e effettiva, dall´altro". *Funzione Economiche e Istituti Giuridici*. Saggi Giuridici, p.83-84. Disponível em: <http://www.scribd.com>. Acesso em: 10 jul. 2010.

Direito dos Contratos

135

ilicitamente a responsabilidade do fornecedor, privando o credor de seu legítimo interesse.

A partir da incidência do Código de Defesa do Consumidor, o qual consagra o *equilíbrio mínimo* como valor fundamental nas relações de consumo, lícito se mostra ao juiz majorar a penal ínfima estabelecida em desfavor da empresa, para oferecer ao consumidor adimplente uma tutela eficaz.

Não se diga que a mera decretação da abusividade de tal cláusula ínfima é suficiente para a proteção do consumidor, na medida em que ele fica privado justamente da grande vantagem da penal: a pré-quantificação do dano. Simplesmente retirar a cláusula penal do contrato, pelo decreto de sua abusividade, significa atribuir ao consumidor o pesado ônus de demonstrar cabalmente o volume de seu prejuízo, atribuindo-lhe não raro uma prova diabólica.

Desta forma, nas relações de consumo, a majoração da cláusula penal que se mostra manifestamente ínfima atende o ideal de equilíbrio, pois evita o empobrecimento indevido do consumidor e realiza o princípio da reparação integral dos danos.

Referências bibliográficas

AGUIAR JÚNIOR, Ruy Rosado de. *Comentários ao novo Código Civil*, v. 6, t. 2. Rio de Janeiro: Forense, 2011.

———. *Extinção dos Contratos por Incumprimento do Devedor*. Rio de Janeiro: Aide, 1991.

———. *Extinção dos Contratos por Incumprimento do Devedor*. 2. ed. Rio de Janeiro: Aide, 2003.

ALMEIDA, Felipe Cunha de. Os Cadastros Restritivos de Crédito, o Dever de Informação, o Código de Defesa do Consumidor e a Responsabilidade Civil. *Revista Jurídica Empresarial*, v. 13, março--abril, p. 183-188. 2010.

ALMEIDA COSTA, Mário Júlio de. *Direito das Obrigações*. 8. ed. Coimbra: Almedina, 2000.

———. Alguns aspectos do direito das obrigações. *Cadernos de Direito Privado*, v. 1, n. 1, Rio de Janeiro, p. 51-68, 1978.

ALPA, Guido. Le contrat individuel et sa definition. *Revue Internationale de Droit Comparé*, v. 40, n. 2, p. 327-350, abr.-jun. 1988.

———. Sociologia del contratto: nuove idee, vecchi schemi. *Sociologia del Diritto*, v. 11, n. 2, Milão, p. 7-26, 1984.

ALVIM, Agostinho. *Da Inexecução das Obrigações e suas Consequências*. 5ª ed. São Paulo: Saraiva, 1980.

ANTUNES VARELA, João de Matos. *Das Obrigações em Geral*, v.1. 10.ed. Coimbra: Almedina, 2000.

___ *Direito das Obrigações*, v.2. Rio de Janeiro: Forense, 1978.

ASCARELLI, Tullio. Funzione Economica e Istituti Giuridici nella Tecnica dell´interpretazione. Disponível em: <http://www.scribd.com>. Acesso em: 10 jul. 2010.

ASSIS, Araken de. *Resolução do Contrato por Inadimplemento*. 3.ed. São Paulo: RT, 1999.

———. Dano positivo e dano negativo na dissolução do contrato. In *Revista da Ajuris*, 60.

———. *Comentários ao Código Civil Brasileiro*. v. 5. Rio de Janeiro: Forense, 2007.

AUBERT, Jean-Luc. *Le contrat*. 3. ed. Paris: Dalloz, 2005.

AULETTA, Giuseppe. Importanza dell´inadempimento e diffida ad adempiere. *Rivista Trimestrale di Diritto e Procedura Civile*, v. 1, Milão: Giuffrè, 1955.

———. Inadempimento imputabile e non imputabile. *Rivista Trimestrale di Diritto e Procedura Civile*, v. 3-4, Milão: Giuffré, p. 1.050-1.067, 1959.

———. Risoluzione e rescissione dei contratti. Prima puntata. *Rivista Trimestrale di Diritto e Procedura Civile*, v. 1, Milão: Giuffrè, p. 641-653, 1948.

———. Risoluzione e rescissione dei contratti. Seconda puntata. *Rivista Trimestrale di Diritto e Procedura Civile*, v. 1, Milão: Giuffrè, p. 170-181, 1949.

AZEVEDO, Fernando Costa de. O Desequilíbrio Contratual Provocado pela Alteração Superveniente da Base Negocial: A Resolução e a Revisão Contratual por Onerosidade Excessiva no Código Civil e no Código de Defesa do Consumidor. *Revista Jurídica Empresarial*, v.16, setembro-outubro, p. 53-90. 2010.

BIANCA, Massimo Cesare. *Diritto Civile*. 3. Il Contratto. 2.ed. Ristampa. Milano: Giuffrè, 2000.

BORDA, Guillermo. *Manual de Obligaciones*. 11.ed. Buenos Aires: Perrot, 2000.

BRANDELLI, Leonardo. Publicidade Jurídica: Primeiras Linhas. *Revista Jurídica Empresarial*, v. 6, jan--fev, p. 11-49. 2009.

Direito dos Contratos

CALVO, Roberto. *Il Controllo della penale eccessiva tra autonomia privata e paternalismo giudiziale*. In *Riv. trim. Dir. Proc. Civ.*, 2002, p. 297 ss.

CÁPRIO, Marcos. O Dever de Informação em Perspectiva Civil e Consumeirista. *Revista Jurídica Empresarial*, v.17, novembro-dezembro, p. 41-57. 2010.

CARBONIER, Jean. *Droit et passion du droit*. Paris: Flammarion, 1996.

CARNEIRO DA FRADA, Miguel António de Castro Portugal. *Teoria da Confiança e Responsabilidade Civil*. Coimbra: Almedina, 2007.

CARRARA, Cecilia; KHOUDJA, Sonia. O Contrato de Mandato no Direito Alemão. *Revista Jurídica Empresarial*, v.6, jan-fev, p. 147-165. 2009.

CATALAN, Marcos Jorge. Reflexões sobre o cumprimento inexato da obrigação no direito contratual. Disponível em http://www.diritto.it/archivio/1/26876.pdf. Acesso em 20.12.2009.

——. *Descumprimento contratual*: modalidades, conseqüências e hipóteses de exclusão do dever de indenizar. Curitiba: Juruá, 2005.

——. Considerações iniciais sobre a quebra antecipada do contrato e sua recepção pelo direito brasileiro. In: DELGADO, Mário Luiz; ALVES, Jones Figueiredo. (Org.). *Questões controvertidas*: responsabilidade civil. São Paulo: Método, 2006, v. 05.

CAVALIERI FILHO, Sérgio. *Programa de Responsabilidade Civil*. São Paulo: Atlas, 2007.

COELHO, Fábio Ulhoa. *Curso de Direito Civil*, v. III. 3. ed. São Paulo: Saraiva, 2009.

COLOMBO, Cristiano. *Direito Civil*: parte geral. Porto Alegre: Verbo Jurídico, 2011.

COUTO E SILVA, Clóvis Veríssimo do. *A Obrigação como Processo*. São Paulo: José Bushatski, 1976.

——. *O Direito privado na visão de Clóvis do Couto e Silva*. Org. Vera Maria Jacob de Fradera. Porto Alegre: Livraria do Advogado, 1997.

CUNHA DE SÁ, Fernando Augusto. *Abuso do Direito*. Coimbra: Almedina, 2005.

DEROUSSIN, David. *Histoire Du Droit Des Obligations*, 3. ed. Paris: Economica 2007.

DEMOGUE, René. *Les Notions Fondamentales du Droit Privé*. Paris: La Mémoire du Droit, 2001 (réimpression de 1911).

DE NOVA, Giorgio. I nuovi contratti. *Rivista di Diritto Civile*, II, p. 497-518, 1990.

DI MAJO, Adolfo. Il principio di buona fede nelle obbligazioni. In: *Casi e Questioni di Diritto Privato*, v. 5 – obbligazioni e contratti. A cura di A. di Majo, B. Inzitari, V. Mariconda e E. Roppo. 8.ed. Milano: Giuffre, 1999.

DORNELAS, Eduardo. Da redução *ex officio* da cláusula penal prevista em acordo. Enfoque à luz do artigo 413 do Código Civil. Disponível em: <http://bdjur.stj.gov.br>. Acesso em: 10 maio 2010.

ESTEVEZ, André Fernandes. Contrato de Opção de Venda de Participação Societária: Limites de Validade do Instrumento. *Revista Síntese Direito Empresarial*, v. 22, set-out, p. 09-28, 2011.

FARIAS, Cristiano Chaves. Miradas sobre a cláusula penal no direito contemporâneo (à luz do Direito Civil-Constitucional, do Código Civil de 2002 e do CDC). Disponível em: <www.fat.edu.br>. Acesso em: 05 abr. 2010.

FAUVARQUE-COSSON, Bénédicte; MAZEAUD, Denis. *Príncipes Contractuels Communs – Projet de Cadre Commun de référence*. v. 7, Paris: Société de Législation Comparée 2008.

FLORENCE, Tatiana. Aspectos pontuais da cláusula penal. In: *Obrigações*: Estudos na perspectiva civil-constitucional. Gustavo Tepedino (Coord.). Rio de Janeiro: Renovar, 2005.

FORGIONI, Paula. *Contrato de Distribuição*, 2. ed. São Paulo: Revista dos Tribunais: 2009.

FRADERA, Vera Maria Jacob de. Conceito de Culpa. *Revista dos Tribunais*, v. 770, dezembro de 1999.

——. A boa-fé objetiva, uma noção presente no conceito alemão, brasileiro e japonês de contrato. *Revista Brasileira de Direito Comparado*. Rio de Janeiro: Instituto de Direito Comparado Luso-Brasileiro, 2003. p. 127-157.

——. A vedação de venire contra *factum proprium* e sua relação com os princípios da confiança e da coerência. In: *Direito e Democracia* (ULBRA), v. 9, p. 130-134, 2008.

——. Locação de Carteira de Ações. *Revista Jurídica Empresarial*, v. 9, jul-ago, p. 247-259. 2009.

——. O conceito de inadimplemento fundamental do contrato no art. 25 da Lei Internacional sobre Vendas da Convenção de Viena de 1980. *Revista da Faculdade de Direito da Universidade Federal do Rio Grande do Sul*, Porto Alegre: Livraria do Advogado, v. 11, p. 55-56, 1996.

———. O Valor do Silêncio no Novo Código Civil. *Revista Jurídica Empresarial*, v.2, maio-jun., p. 123-143. 2008.

———. Pode o credor ser instado a diminuir o próprio prejuízo? *Revista Trimestral de Direito Civil*, Rio de Janeiro, v. nº 19, n. jul/set, p. 109-ss., 2004.

GALGANO, Francesco. *Diritto Privato*. 14. ed. Padova: CEDAM, 2008.

GAMARRA, Jorge. *Responsabilidad Contractual*. Montevideo: FCU – Fundación de Cultura Universitária, 2006.

GHESTIN, Jacques. *La responsabilité délictuelle pour rupture abusive des pourparlers*. La Semaine Juridique Edition Générale, n. 20.

———. Le contrat en tant qu´échange économique. *Revue d´Économie Industrielle*, anné 2000, volume 92, numéro 1.

GIACOBBE, Emanuela. Atipicità del contratto e sponsorizzazzione. *Rivista di Diritto Civile*, p. 399-433.

GOMES, Orlando. *Contratos*. 18. ed. Rio de Janeiro: Forense, 1998.

ITURRASPE, Jorge Mosset ; PIEDECASAS, Miguel A. *Responsabilidad precontractual*. Buenos Aires: Rubinzal-Culzoni, 2006.

JAYME, Erik. Direito Internacional Privado e Cultura Pós-Moderna. *Cadernos do Programa de Pós-Graduação em Direito – PPGDir./UFRGS*, v.1, n.1, mar. 2003.

JESTAZ, Philippe. *Le Droit*. 5. ed. Paris: Dalloz, 2007.

———. Quel contrat pour demain? In: *La Nouvelle Crise du Contrat*. Paris: Dalloz, 2003.

JHERING, Rudolf von. *Culpa in Contrahendo ou Indenização em Contratos Nulos ou Não Chegados à Perfeição*. Coimbra: Almedina 2008.

JOSSERAND, Louis. *De l´Esprit des droits et de leur relativité*. Théorie dite de l´abus des droits (reimpresion de la seconde edition, 1939). Paris: Dalloz, 2006.

JOURDAIN, Patrice. *Les Principes de la Responsabilité Civile*, 7ª édition, Paris: Dalloz 2007.

LARENZ, Karl. *Metodologia de la ciencia del derecho*. Trad. Marcelino Rodrigues Molinero. Barcelona: Ariel Derecho, 1994.

LÔBO, Paulo. *Direito Civil – Famílias*. 2. ed. São Paulo: Saraiva, 2009.

LUMINOSO, Angelo. *Contrato e Impresa*. Padova: CEDAM, 1988.

LUPION, Ricardo. *Boa-fé Objetiva nos Contratos Empresariais*. Porto Alegre: Livraria do Advogado, 2011.

MAGNO, Daniele. Il Conflitto di Interessi e L´abus de Droit nel Diritto Societário Francese. *Revista Jurídica Empresarial*, v. 6, jan-fev, p. 123-145. 2009.

MARQUES, Cláudia Lima. A chamada nova crise do contrato e o modelo de direito privado brasileiro: crise de confiança ou de crescimento do contrato? In *A Nova Crise do Contrato* (Org. Cláudia Lima Marques). São Paulo: RT, 2007.

———. *Contratos no Código de Defesa do Consumidor*. 4.ed. São Paulo: Revista dos Tribunais, 2004.

———. Contratos no Código de Defesa do Consumidor – O Novo Regime das Relações Contratuais. 6. ed. São Paulo: Revista dos Tribunais, 2011.

———; BENJAMIN, Antonio Herman; MIRAGEM, Bruno. *Comentários ao Código de Defesa do Consumidor*. São Paulo: RT, 2004.

———. *Superação das antinomias pelo diálogo das fontes*: o modelo brasileiro de coexistência entre o Código de Defesa do Consumidor e o Código Civil de 2002. Disponível em: <www.bdjur.stj.jus.br>. Acesso em: 10 maio 2010.

MARRONI, Roberto Medaglia. Operatividade do Princípio da Boa-Fé Objetiva na Obrigação Tributária. *Revista Jurídica Empresarial*, v.16, setembro-outubro, p. 91-110. 2010.

MARTINS-COSTA, Judith Hoffmeister. Comentários ao Código Civil, v. V, t. 2. 2. ed. Rio de Janeiro: Forense, 2009.

———. *A Boa-fé no Direito Privado*. 1. ed. 2 tiragem. São Paulo: RT, 2000.

———. Breves anotações acerca do conceito de ilicitude no novo Código Civil. Estruturas e rupturas em torno do art. 187. Jus Navigandi, Teresina, ano 7, n. 74, 15 set. 2003. Disponível em: <http://jus2.uol.com.br/doutrina/texto.asp?id=4229>. Acesso em: 30.12. 2009.

Direito dos Contratos

——. Crise e Modificação da Idéia de Contrato no Direito Brasileiro. In: *Revista Direito do Consumidor*, v. 3. São Paulo: RT, 1992.

——. Os avatares do abuso do direito e o rumo indicado pela boa-fé. In *Direito Civil Contemporâneo: novos problemas à luz da legalidade constitucional*. Gustavo Tepedino (Org.). São Paulo: Atlas, 2008.

——. Princípio da Boa-fé. In: *Revista da Ajuris*, 50/207. 1990.

——. Um aspecto da obrigação de indenizar: notas para uma sistematização dos deveres pré-negociais de proteção no direito civil brasileiro. In: *Estudos em Homenagem ao Professor Arnoldo Wald*. Diogo Leite de Campos *et alli* (Coords). Coimbra: Almedina, 2007.

MARTINS MANHÃES, Raphael. O Inadimplemento Antecipado da Prestação no Direito Brasileiro. *Revista Jurídica Empresarial*. 9. ed. Porto Alegre: Nota Dez, 2009.

MAZEAUD, Denis. La bonne foi: en arrière toute? *Recueil Dalloz 2006*, Jurisprudence, p. 761.

——. Renégocier ne rime pas avec reviser! *Recueil Dalloz 2007*, Jurisprudence, p. 765.

——. De l´exigence de cohérence contractuelle en matière de clause resolutoire expresse. *Recueil Dalloz 2000*. Sommaires commentés, p. 360.

——. Loyauté, solidarité, fraternité: la nouvelle devise contractuelle"? In: *L´Avenir do Droit*. Mélanges en hommage à François Terré. Paris : Dalloz, 1999.

MENEZES CORDEIRO, António Manuel da Rocha e. *Tratado de direito civil*. Parte Geral. Coimbra: Almedina, v.I, t. 4, 2008.

——. *Tratado de direito civil português*. Direito das obrigações. Coimbra: Almedina, v. II, t. 2, 2010.

——. *Tratado de direito civil português*. Direito das obrigações. Coimbra: Almedina, v. II, t. 4, 2010.

——. *Da boa-fé no direito civil*. 2ª reimp. Coimbra: Almedina, 2001.

——. Da pós-eficácia das obrigações. In: *Estudos de direito civil*, Coimbra: Almedina, v. I, 1994.

MESTRE, Jacques. De la rupture unilatérale du contrat. *Revue Trimestrielle de Droit Civil 1990*, Chroniques, p. 278.

——. Validité d´une clause de résiliation unilatérale d´un contrat à durée déterminée mais exigence de bonne foi dans sa mise en oeuvre. *Revue Trimestrielle de Droit Civil 1996*, Chroniques, p. 158.

MIRAGEM, Bruno. *Abuso do Direito*: proteção da confiança e limite ao exercício das prerrogativas jurídicas no direito privado. Rio de Janeiro: Forense. 2009.

——. Função Social do Contrato, boa-fé e bons costumes: nova crise dos contratos e a reconstrução da autonomia negocial pela concretização das cláusulas gerais. In: *A Nova Crise do Contrato*. Cláudia Lima Marques (Org.). São Paulo: RT, 2007.

MONTESANO, Luigi. Contenuti e sanzioni delle obbligazioni da contratto preliminare. *Rivista Trimestrale di Diritto e Procedura Civile*, anno LV, n. 1, marzo, 2000.

MOREIRA ALVES, José Carlos. A parte geral do Projeto do Código Civil. *Revista CEJ*, v. 3, n. 9, set/dez, 1999.

MORMANDO, Marco. I contratti di sponsorizzazione sportiva. Disponível em: <www.lega-calcio-serie-c.it/it/altro/tesi/Mormando.pdf>. Acesso em: 7 set. 2010.

MOTA PINTO, Carlos Alberto da. *Teoria Geral do Direito Civil*. 4. ed. Coimbra: Coimbra Editora, 2005.

MOTA PINTO, Paulo. *Interesse Contratual Negativo e Interesse Contratual Positivo*, v. 1 e 2. Coimbra: Coimbra Editora, 2008.

——. Sobre a proibição do comportamento contraditório (*venire contra factum proprium*) no direito civil. *RTDC*, v. 16, out/dez, 2003.

MUSSUMARRA, Lina. Il contratto di sponsorizzazione sportiva. Tesi di laurea preso la Facoltà di Giurisprudenza Università degli Studi di Bologna, 1996. Disponível em: <http://www.studiolubrano.it/diritto%20sport_dispensa.pdf>. Acesso em: 17 jan. 2011.

NEVES XAVIER, José Tadeu. Reflexões Sobre os Contratos Cativos de Longa Duração. *Revista Jurídica Empresarial*, v.1, março-abril, p. 29-55. 2008.

NORONHA, Fernando. *Direito das Obrigações*. 2. ed. São Paulo: Saraiva 2007.

OLIVEIRA, Nuno Manuel Pinto. *Cláusulas Acessórias ao Contrato*. 3. ed. Coimbra: Almedina, 2008.

OST, François. *Le temps du droit*. Paris: Editions Odile Jacob, 1999.

——. Tiempo y Contrato. Crítica Del Pacto Fáustico. Disponível em http://www.cervantesvirtual.com/servlet/SirveObras/23584061091481851665679/doxa25_19.pdf. Acesso em 10.10.2009.

PASQUAL, Cristina Stringari . Oferta Automatizada. In: *Revista de Direito do Consumidor*, v. 67, p. 100-124, 2008.

PASQUALOTTO. Adalberto. A boa-fé nas obrigações civis. In: *Faculdade de Direito: O Ensino Jurídico no Limiar do Novo Século*. Cachapuz Medeiros (Org.). Porto Alegre: EDIPUCRS, 1997.

PEIRANO FACIO, Jorge. Nature juridique de la clause pénale dans les droits français et latino-américain. *Revue internationale de droit comparé*, v.1, n.3, p.315-323, juillet-septembre.

PEREIRA, Caio Mário da Silva. *Instituições de Direito Civil*. 14. ed. Rio de Janeiro: Forense, 2010, v.III.

——. *Instituições de Direito Civil*. v. 4. Rio de Janeiro: Forense, 2001.

——. *Lesão nos Contratos*. 6. ed. Rio de Janeiro: Forense, 1999.

——. *Responsabilidade Civil*. 9. ed. Rio de Janeiro: Forense, 2001.

PETEFFI DA SILVA, Rafael. *Responsabilidade Civil pela Perda de uma Chance*. São Paulo: Atlas, 2007.

PINTO MONTEIRO, Antonio. *Cláusula Penal e Indemnização*. Coimbra: Almedina, 1999.

PONTES DE MIRANDA, Francisco Cavalcanti. *Tratado de Direito Privado*, t. XXVI. Rio de Janeiro: Borsoi, 1971.

PORTO, Guilherme Athayde. Contrato atípico de patrocínio: princípios e possibilidades negociais. *Revista Jurídica Empresarial*, v. 11, nov./dez. 2009.

PRATA, Ana. *Cláusulas de exclusão e limitação da responsabilidade contratual*. Coimbra: Almedina, 2005.

RADÉ, Christophe. *L´impossible divorce de la faute et de la responsabilité civil*. Recueil Dalloz 1998, Chroniques, p. 301.

RANIERI, Filippo. Bonne foi et exercise du droit dans la tradition du civil law. *Revue Trimestrielle de Droit Comparé*, 4, 1998, p. 1055.

REALE, Miguel. O princípio da boa-fé. Disponível em <www.miguelreale.com.br>. Acesso em 21.12.2009.

——. Espírito da nova Lei Civil. Disponível em <www.miguelreale.com.br>. Acesso em 21.12.2009.

——. Valor do novo Código Civil. Disponível em <www.miguelreale.com.br>. Acesso em 21.12.2009.

RESCIGNO, Pietro. Notazioni generali sul principio di buona fede. In: *Il Principio di buona fede*. Milano: Giuffrè, 1985.

RIDRIGUES, Silvio. *Direito Civil*. 30 ed. São Paulo: Saraiva, 2002, v. 2.

ROPPO, Vincenzo. *Il Contratto*. Milano: Giuffrè, 2001.

——. *O Contrato*. Trad. Ana Coimbra e M. Januário C. Gomes. Coimbra: Almedina, 1988.

SANSEVERINO, Paulo de Tarso. *Princípio da reparação Integral do Dano*. Saraiva: São Paulo, 2010.

——. Responsabilidade Civil no Código de Defesa do Consumidor e a Defesa do Fornecedor. São Paulo: Saraiva, 2002.

——. Estrutura clássica e moderna da obrigação. In: *Faculdade de Direito: O Ensino Jurídico no Limiar do Novo Século*. Org: Antonio Paulo Cachapuz Medeiros. Porto Alegre: EDIPUCRS, 1997.

SCALA, Marlen Lucrecia Gómez. *El contrato de esponsorización y su aplicación em Guatemala*. Tesis presentada en la Universidad de San Carlos de Guatemala, octubre de 2006.

SCALZILLI, Roberta. Cláusulas de Exclusividade nos Contratos de Distribuição de Bebidas e o Direito da Concorrência. *Revista Jurídica Empresarial*, v. 15, julho/agosto, p. 171-179. 2010.

SCHMITT, Cristiano Heineck. *Responsabilidade Civil*. Porto Alegre: Verbo Jurídico, 2010.

——. *Cláusulas Abusivas nas Relações de Consumo*. 3. ed. São Paulo: RT, 2010.

SCHREIBER, Anderson. *A proibição de comportamento contraditório* – Tutela da confiança e *venire contra factum proprium*. 2. ed. Rio de Janeiro: Renovar, 2007.

——. *Novos paradigmas da responsabilidade civil*: da erosão dos filtros da reparação à diluição dos danos. 3. ed. São Paulo: Atlas, 2011.

TEPEDINO, Gustavo; SCHREIBER, Anderson. A Boa-fé Objetiva no Código de Defesa do Consumidor e no Novo Código Civil. In: *Obrigações – Estudo na perspectiva civil-constitucional*. Gustavo Tepedino (Org.). Rio de Janeiro: Renovar, 2005.

TERRÉ, François; SIMLER, Philippe; LEQUETTE, Yves. *Droit Civil – Les Obligations*. 9. ed. Paris: Dalloz, 2005.

Direito dos Contratos

THEODORO JÚNIOR, Humberto. *O contrato e sua função social*. Rio de Janeiro: Forense, 2003.

TRIMARCHI, Pietro. *Istituzioni di Diritto Privato*. 17. ed. Milano: Giuffrè, 2007.

TURCO, Claudio. L´interesse negativo nella culpa in contrahendo. *Rivista di Diritto Civile*, n. 2. Padova: CEDAM, 2007.

ULHOA COELHO, Fábio. *Curso de Direito Civil*. v. 3. Contratos. 3ª ed. São Paulo: Saraiva, 2009.

VERDE, Camillo. Il convegno di parma sulla sponsorizzazione. *Rivista di Diritto Civile*, II, p. 381-385, 1988.

VETTORI, Giuseppe. *Diritto dei Contratti e "Costituzione" Europea* – Regole e principi ordinanti. Milano: Giuffre, 2005.

VILLANUEVA, Pedro Alfonso. Atipicidad del contrato y esponsorización o patrocinio publicitario. In: *Derecho privado*. Memoria del Congreso Internacional de Culturas y Sistemas Jurídicos Comparados, 2005. Disponível em <http://www.bibliojuridica.org/libros/4/1590/14.pdf>. Acesso em: 11 fev. 2011.

——. O Contrato de Patrocínio. *Revista Síntese Direito Empresarial*, v. 19, mar-abr, p. 35-59, 2011.

VILLEY, Michel. *Le droit et les droits de l'homme*. Paris: Quadrige, 1983.

VINEY, Geneviève. *Modernité ou obsolescence du Code Civil?* Mélanges Tourneau 2007, Chroniques, p. 1041.

——. As tendências atuais do direito da responsabilidade civil. Trad. Paulo Cezar de Melo. In: *Direito Civil Contemporâneo*: novos problemas à luz da legalidade constitucional. Gustavo Tepedino (Org.). São Paulo: Atlas, 2008.

WESTERMANN, Harm Peter. *Código Civil Alemão*. Direito das Obrigações. Parte Geral. Tradução de Armindo Edgar Laux. Porto Alegre: Fabris, 1983.

WIEACKER, Franz. *História do Direito Privado Moderno*. Lisboa: Fundação Calouste Gulbekian, 2004.

WITZ, Claude. La longue gestation d´un code européen des contrats. *Revue Trimestrielle de Droit Civil 2003*. Chroniques, p. 447.

——. *Le Droit Allemand*. Paris : Dalloz, 2001.

ZUGNO, Felipe. Hostile Takeovers in Brazil: A comparative analysis. *Revista Jurídica Empresarial*, v. 7, p. 181-205.

Impressão:
Evangraf
Rua Waldomiro Schapke, 77 - POA/RS
Fone: (51) 3336.2466 - (51) 3336.0422
E-mail: evangraf.adm@terra.com.br